Doctrine et Jurisprudence

EN MATIÈRE

...PEL COMME D'ABUS

DOCTRINE ET JURISPRUDENCE

EN MATIÈRE

D'APPEL COMME D'ABUS

PAR

Anselme BATBIE,

Docteur en droit,
Auditeur au Conseil d'État.

PARIS

V* JOUBERT, ÉDITEUR,
Rue des Grès, 14.

1851

PARIS.—IMPRIMERIE BONAVENTURE ET DUCESSOIS
55, quai des Grands-Augustins.

J'ai peu de mots à dire sur le caractère
et le but de cet écrit. Je n'ai pas eu l'intention d'exposer d'une manière complète ce que
l'institution de l'appel comme d'abus a été
dans le passé, et ce qu'elle est aujourd'hui.
Cette prétention serait inconciliable avec
l'exiguïté de ce chétif volume, et elle ne pourrait manquer de faire sourire ceux qui ont
vu les deux gros volumes écrits par Févret
sur ce sujet. La matière que j'entreprends

de traiter a d'ailleurs été considérablement réduite par l'effet de deux causes. D'abord la direction prise par l'opinion publique, ses préoccupations nouvelles ont beaucoup servi à diminuer son importance. Autrefois, en effet, l'appel comme d'abus était entre les mains des parlements un moyen de guerre contre la puissance ecclésiastique. Aussi les magistrats cherchèrent-ils à étendre les cas de recours autant que possible, ce qui servit à grossir les traités. Aujourd'hui au contraire, les querelles du spirituel et du temporel sont endormies, sinon éteintes ; les deux pouvoirs sont animés du meilleur désir de conciliation, et le conseil d'Etat, héritier des parlements, bien loin de chercher les empiétements, tend au contraire à restreindre sa compétence. D'un autre côté, ce changement de juridiction a concouru au même résultat ; car il a eu

pour effet de substituer la procédure administrative à la procédure civile et, par conséquent, de faire disparaître une foule de nul-
lités. Ces considérations sont de nature à jus-
tifier le format de mon opuscule.

Je n'ai pas voulu faire non plus une contro-
verse irritante sur les limites de la liberté
religieuse. Une polémique de ce genre me
paraît inopportune ; les préoccupations de
l'esprit public sont ailleurs, et on ne peut pas
se permettre de le ramener à des querelles
qui semblent être d'une autre époque, quoiqu'elles puissent se réveiller encore ; car, au
temps où nous vivons, il est impossible de
déterminer ce que l'avenir tient en réserve.
J'ai au contraire affecté d'éloigner tout ce
qui pourrait ressembler à de la passion. Ma
seule ambition a été de présenter une expo-
sition sommaire d'histoire, de législation,

de doctrine et de jurisprudence qui ne soit pas
dépourvue d'utilité pratique et offrant quelque commodité à ceux qui sont chargés d'appliquer la loi.

ANS. BATBIE.

Doctrine et Jurisprudence

EN MATIÈRE

D'APPEL COMME D'ABUS.

1. Nos lois contiennent plusieurs dispositions destinées à maintenir la séparation des pouvoirs que les auteurs de notre Droit public ont considérée comme une garantie de liberté. Ainsi l'autorité judiciaire et l'autorité administrative sont retenues dans leur sphère par le tribunal des conflits et par les peines sévères dont le Code pénal punit les usurpations [1]. Le recours au conseil d'État pour abus est une institution analogue; il sert à réprimer les empiétements de la puissance ecclésiastique sur les droits du temporel, et réciproquement à protéger le libre exercice du culte contre les abus de pouvoir auxquels les agents du gouvernement se laisseraient entraîner. Si l'obstacle à l'exercice du culte venait de particuliers, l'action ne devrait pas être portée au conseil

---

[1] Art. 127 du Code pénal.

d'État, mais directement devant les tribunaux correctionnels [1].

2. Cet ouvrage sera divisé en trois parties. Nous parlerons d'abord de l'origine et de l'histoire du recours pour abus. La seconde partie sera consacrée à l'examen des divers cas où il est ouvert. Dans la troisième, nous traiterons de la compétence et de la forme en laquelle l'appel doit être introduit.

---

[1] Art. 260 à 263 *ibid.* Ce point sera développé ultérieurement.

CHAPITRE PREMIER.

ORIGINE ET HISTOIRE DU RECOURS POUR ABUS.

3. Si l'on considère le recours pour abus comme une forme du droit de police que l'Etat s'est réservé à toutes les époques sur l'exercice du culte, il est certain que l'origine de cette institution est très-ancienne. C'est à ce point de vue que le rapporteur de la loi organique a pu dire que : « Chez tous les peuples policés, les gouverne- « ments se sont conservés dans la possession « constante du droit de veiller sur l'administra- « tion des cultes... Que l'appel comme d'abus ou « le recours au souverain en matière ecclésiasti- « que se trouve consacré par toutes les ordon- « nances et les monuments les plus anciens. » Mais quand, au lieu de s'appliquer au principe, on s'occupe de la forme qu'il a revêtue dans l'institution qui fait l'objet de ce travail, on se trouve reporté à une date beaucoup plus récente.

4. Les historiens sont loin d'être d'accord sur le moment où l'appel a commencé. Les uns, pour augmenter son crédit, lui ont cherché des preuves

d'antiquité et en ont fait remonter la naissance jusqu'aux premiers temps de notre monarchie. D'autres au contraire, pour affaiblir son autorité, se sont efforcés de démontrer que c'est un parvenu d'hier, sans famille, sans tradition [1].

5. Ces systèmes, nés de la partialité, ne sauraient satisfaire ceux qui cherchent les origines sans passions ni préjugés. Voici ce qui nous paraît vrai. Le recours pour abus a été institué

---

[1] « Cette opinion (la première), dit M. AFFRE, n'a « pas été seulement reproduite par M. DE MONTLOSIER « dans un de ces écrits de circonstance où l'esprit de « parti se sert de toutes les armes, bonnes ou mau- « vaises... M. HENRION DE PANSEY, dans son *Traité* « *du pouvoir judiciaire*, M. BERNARDI, dans son *His-* « *toire de la législation française*, M. JEAUFFRET. dans « un écrit sur le *Recours au Conseil d'État*, M. POR- « TALIS, dans son *Rapport sur les Articles organiques* « ont affirmé l'existence des appels comme d'abus « sous les empereurs chrétiens, ou tout au moins sous « la seconde race de nos rois. » (*Traité de l'Appel comme d'abus*, p. 11.) FLEURY reporte l'origine de cette procédure vers le commencement de XIVᵉ siècle (*Institution au droit canonique*, ch. 24, 3ᵉ partie). D'après HALLAM : « Ce ne fut, suivant les meilleurs « auteurs, qu'au commencement du XVᵉ siècle que le « Parlement imagina la fameuse procédure de l'*Appel* « *comme d'abus*. » (*Europe au moyen âge*, t. II, p. 416.) L'évêque d'Amiens, FAURE, soutint dans les remontrances qu'il fit à Louis XIV au nom du clergé, le 12 janvier 1668, qu'on ne voit des exemples d'appels comme d'abus que depuis 1533. (*Jurisprudence du grand conseil*, t. I, p. 204. note *a*.)

pour faire cesser les empiétements de la juridiction ecclésiastique sur la juridiction seigneuriale. Ce n'est donc que vers le milieu du xiiie siècle que ses commencements doivent être placés. Jusqu'alors, les justiciables avaient recherché les tribunaux de l'Eglise plus éclairés, plus soucieux des droits des parties que les tribunaux laïcs, et ceux-ci n'avaient pas réclamé contre des usurpations que l'opinion publique consacrait. Les choses se passèrent ainsi pendant les ixe, x^e, xie et xiie siècles. Mais la justice des officialités changea de caractère. Les garanties que les justiciables recherchaient en elles devinrent des formalités vaines, des procédures hérissées, et les parties ne tardèrent pas à s'associer aux réclamations élevées par les seigneurs en faveur de leurs droits de justiciers. Cette lutte s'engagea d'abord avec la violence des mœurs de l'époque, et les mots d'*attentat*, d'*usurpation*, d'*extorsion*, furent prodigués pour qualifier les entreprises de la juridiction ecclésiastique. Mais cette exagération de langage s'adoucit peu à peu, et quoique les deux puissances rivales continuassent à être fort animées, le mot *abus* remplaça dans l'usage les expressions qui viennent d'être indiquées. Ces querelles ne pouvaient demeurer à l'état de réclamations stériles.

6. On vit d'abord se produire des faits isolés qui préparèrent l'institution de l'appel comme d'abus.

Certains seigneurs eurent la pensée de faire apprécier leurs prétentions par les parlements. Des témoignages démontrent que dès le XIII° siècle des faits semblables s'étaient produits. Ainsi l'ancien cartulaire de l'église de Paris parle d'un jugement de l'évêque de cette ville, relevé au parlement sous Philippe-le-Hardi, fils et successeur de saint Louis. Durand, évêque de Mende, qui mourut en 1296, indique dans un passage de son ouvrage : *De modo concilii celebrandi*, la plainte comme d'abus parmi les manières employées de son temps pour restreindre l'autorité de l'Eglise [1].

7. L'institution tendit à se régulariser. En 1329, une réunion de barons, seigneurs et prélats fut tenue à Vincennes, en présence du Roi. Pierre de Cugnières, conseiller du roi et chevalier *ès-lois*, se fit l'accusateur des tribunaux ecclésiastiques ; il énuméra soixante-six griefs contre leur juridiction. Mais ils furent défendus avec une hautaine énergie par Pierre du Roger, archevêque de Sens, qui plus tard devint Clément VI ; il parla des droits de l'Eglise comme de droits acquis, inattaquables, et flétrit du nom de *sacriléges* les tentatives dirigées contre sa juridiction. — Il fut décidé néanmoins que si, dans un an, les prélats n'avaient pas réformé les

---

[1] Vers la même époque, le Parlement fit un règlement pour les procès que les juges d'église feraient aux clercs.

abus dont on se plaignait, le roi y apporterait tel remède qu'il plairait *à Dieu et au Peuple*. C'est à dater de ce moment que le recours pour abus put être considéré comme une institution légale.

8. Il ne fut pas usité d'abord dans tous les parlements. Ainsi, au dire de Févret, le premier procès de cette nature qui fut jugé par le parlement de Bourgogne n'est que de 1510 ou 1514.—D'ailleurs, la compétence respective des juridictions rivales était encore mal définie; ce qui donnait lieu à des pratiques diverses. Ces différences ne cessèrent qu'en 1539, date de l'édit de Villers-Cotterets. Tous les usages firent place à la loi, et telle fut l'efficacité de cet acte que, s'il faut en croire Loiseau, les procureurs qui étaient au nombre de trente-six dans l'officialité de Sens furent réduits à cinq ou six par l'ordonnance.

9. L'article 1er portait prohibition aux tribunaux ecclésiastiques de connaître de toute action personnelle intéressant les laïques sous peine d'amende arbitraire. Quant aux actions réelles, une ordonnance, en date du 8 mars 1371, rendue par Charles V, les avait restituées aux tribunaux séculiers. L'article 4 attribuait à ces derniers la connaissance des causes intéressant même les clercs mariés ou commerçants. Mais la disposition la plus grave se trouvait dans l'article 5 aux termes duquel, l'appel comme d'abus pouvait

atteindre les sentences rendues en matière de discipline. Les Parlements s'étaient arrogé ce pouvoir avant l'édit et en avaient exagéré l'étendue au point de lui attribuer effet suspensif; il en résulta un affaiblissement marqué de la discipline ecclésiastique. Aussi les réclamations du clergé ne tardèrent-elles pas à s'élever. François Ier y fit droit en disposant dans le même article que le recours en matière de discipline ne produirait qu'un *effet dévolutif* [1].

---

[1] FRANÇOIS, etc., etc, sçavoir faisons à tous présens et advenir, etc., etc.

ART. 1er. C'est à sçavoir que nous avons défendu et défendons à tous nos sujets de faire citer ni convenir les laïcs par devant les juges d'église, ès-actions pures personnelles, sur peine de perdition de cause et d'amende arbitraire.

ART. 2. Et avons défendu à tous juges ecclésiastiques de ne bailler ni délivrer aucunes citations verbalement ou par écrit pour faire citer nos dits sujets purs lays ès-dites matières pures personnelles, sur peine aussi d'amende arbitraire.

. . . .

ART. 4. Sans préjudice toutefois de la juridiction ecclésiastique ès-matières de sacrement et autres pures spirituelles et ecclésiastiques dont ils pourroient connoître contre lesdits purs laïcs, selon la forme de droit, et aussi sans préjudice de la juridiction temporelle et séculière contre les clercs mariés, faisans et exerçants états ou négociations, pour raison desquels ils sont tenus et accoutumés de répondre en cour séculière, où ils seroient contraints de ce faire, tant

10. L'article 8 avait pour objet de prévenir les appellations fondées sur des motifs frivoles. « Quant aux appellations, y était-il dit, frivoles « ou mauvaises, plaidées ou soutenues par les « appelants, ils soient condamnés, outre l'amende « ordinaire envers nous, et la partie, selon l'exi- « gence des cas, si la matière y est disposée. » Les parlements se montrèrent d'abord dociles aux prescriptions de l'édit. Ainsi, en 1543, le parlement de Paris interpréta dans un règlement l'article 8 en ce sens, que l'appel ne serait pas recevable, *si l'abus n'était clair et évident.* C'est aussi vers la même époque que s'introduisit l'usage de ne plus interjeter appel directement contre les bulles, brefs et autres expéditions du pape, mais seulement contre leur *exécution et fulmination*[1]. Ces concessions venaient toutes de la ligne poli-

---

ès-matières civiles que criminelles, ainsi qu'ils ont fait par ci-devant.

ART. 5. Les appellations comme d'abus interjetées par les prêtres et autres personnes ecclésiastiques ès-matières de discipline ou correction et autres pures personnelles et non dépendantes de réalité n'ont aucun effet suspensif; ains nonobstant les dites appellations et sans préjudice d'icelles, pourront les juges d'église passer outre contre lesdites personnes ecclésiastiques. (ISAMBERT et DECRUSY, t. XII, p. 604 et 602.)

« [1] *Mais*, disait GUY-COQUILLE, *l'effet en est tout* « *pareil.* » (*Discours des droits ecclésiastiques*, nº 18.)

tique suivie par François Ier. Pour résister à Charles–Quint, ce roi cherchait à lui susciter le pape pour adversaire ; car lui enlever le secours du Saint–Siége, c'était le priver d'un grand moyen d'action sur l'esprit des populations religieuses d'Espagne. Cette harmonie avec le clergé finit à la mort de François Ier ; sous son successeur, le parlement se relàcha brusquement de son respect pour l'édit de 1539. Les évêques se plaignirent vivement et, pour les apaiser, le roi Charles IX inséra dans l'édit du 16 avril 1571 la disposition suivante :

Art. 5. « Afin que la discipline ecclésiastique « ne soit empêchée ou retardée par les appella- « tions comme d'abus, nous avons déclaré et « déclarons n'avoir entendu, comme n'entendons « que lesdites appellations soient reçues, sinon « ès cas des ordonnances, et qu'elles n'auront « aucun effet suspensif ès cas de correction et disci- « pline ecclésiastique, mais dévolutif seulement.

11. Cette prohibition ne fut pas mieux obéie, et le clergé renouvela ses plaintes. Henri III défendit aux parlements, par l'édit de Blois porté en 1579, « de recevoir aucunes appellations comme « d'abus, sinon ès cas des ordonnances ; aux re- « quêtes de son hôtel et aux gardes des sceaux de « sa chancellerie, de donner des reliefs d'appel « comme d'abus et de sceller ces lettres, avant que « d'avoir été paraphées par rapporteur ou réfé-

« rendaire. » Ces concessions n'eurent pas l'effet qu'on en pouvait attendre ; le clergé voulait plus qu'une demi-mesure, et la suppression complète était le but qu'il poursuivait avec persévérance. Le pape Grégoire XIII en fit la demande formelle ; mais il lui fut répondu par Paul de Foix, ambassadeur de France à Rome, *qu'on déracineroit plutôt l'Apennin que les appellations* [1].

12. Les réclamations du clergé recommencèrent dès l'année 1605 et de nouvelles remontrances parurent en 1610 et 1625. Le clergé se plaignait dans cette dernière de ce que dans les appels comme d'abus, on intimait *les évêques, les officiaux, les grands-vicaires*, en leur nom personnel. Un édit de la même année dispensa les juges ecclésiastiques de *comparoître aux assignations qui leur seroient données sur les appellations comme d'abus*. La lutte continua sous Louis XIV et donna lieu, pendant ce règne, à la promulgation de plusieurs édits dont le plus remarquable est celui de 1695 [2]. Les dispositions des édits précédents y furent reproduites. « Mais, dit M. de Frayssinous, c'était un frein

----

[1] *Jurisprudence du Grand Conseil*, t. I, p. 238-239.

[2] ART. 35. « Défendons aux juges séculiers de recevoir d'autres appellations des ordonnances et jugements des juges d'église, que celles qui sont qualifiées comme d'abus... Ordonnons de procéder à leur jugement avec telle

« léger dont les magistrats pouvaient se jouer aisé-
« ment. Aussi l'abus des appels comme d'abus
« ne fit que s'accroître. » Un arrêt du conseil en
date du 10 mars 1731 essaya vainement de mettre
un terme à ce trouble d'attributions, et les choses
continuèrent de se passer ainsi jusqu'à la révolu-
tion française.

13. Une loi des 7-11 décembre 1790 abolit les
officialités. Les parlements succombèrent aussi et
la lutte s'éteignit avec les deux puissances rivales.
Le concordat du 26 messidor an IX et la loi orga-

---

diligence et circonspection, que l'ordre et la discipline
ecclésiastique n'en puissent être altérés, ni retardés.

ART. 36. Les appellations comme d'abus des ordonnances et des jugements rendus par les évêques et les
juges d'église pour la célébration du service divin, réparation des églises, achat des ornements, subsistance des
curés et autres ecclésiastiques qui desservent les cures,
rétablissement ou conservation de la clôture des religieuses, correction des mœurs des personnes ecclésiastiques et toute autre chose concernant la discipline ecclésiastique et celles qui seront interjetées des règlements
et ordonnances rendues par les prélats dans le cours de
leurs visites, n'auront effet suspensif mais dévolutif, et
seront les ordonnances et jugements exécutés nonobstant lesdites appellations et sans préjudicier.

ART. 37. Nos cours, en jugeant les appellations comme
d'abus, prononceront *qu'il n'y a abus*, et condamne-
ront, en ce cas, les appelants en 75 livres d'amende,
lesquelles ne pourront être modérées ; ou diront qu'il a
*été mal, nullement et abusivement procédé, statué
et ordonné.*—(Voir, sur tous ces détails, AFFRE, p. 79
et suivantes.)

nique du 18 germinal an x restaurèrent l'exercice du culte sans rétablir les anciens tribunaux ecclésiastiques. Le Premier Consul avait entrepris de refaire l'autorité dans toutes ses parties. Aussi ne voulant pas disséminer le pouvoir des supérieurs ecclésiastiques, il le remit tout entier aux mains des évêques, sans distinguer ce qui appartient au pouvoir discrétionnaire de ce qui est l'office du juge [1].

[1] On s'est demandé si, dans l'état actuel de la législation, il n'était pas permis au gouvernement d'autoriser l'institution d'officialités d'après les anciennes règles. Consulté sur cette question, le conseil d'État a émis, à la date du 22 mars 1826, un avis ainsi conçu : « Considérant que la juridiction contentieuse des an« ciennes officialités s'étendait à la fois sur les matières « spirituelles qui appartiennent, de droit divin, à la « juridiction épiscopale, et sur des matières tempo« relles dont les rois de France avaient attribué la « connaissance à cette juridiction ;—que cette dernière « partie de la juridiction des officialités ne pourrait être « rétablie en tout ou en partie que par une loi ; mais « que la suppression des officialités par la loi des « 6-7 septembre 1790, art. 13, titre XIV, en retirant « aux évêques la portion de juridiction qu'ils tenaient « du prince, n'a pu les dépouiller de celles qu'ils « tenaient de Dieu même et de son Église ;—que cette « vérité a été reconnue par la loi du 8 avril 1802 qui, « déclare, art. 10, que tout privilége portant exemption « ou attribution de la juridiction épiscopale est aboli, « et qui dispose, art. 15, que les archevêques connaî« tront des plaintes dirigées contre les décisions des « évêques suffragants ;—que les officialités, quant au

14. Des évêques revêtus d'une puissance qu'ils n'avaient jamais eue venaient d'être institués. Le Premier Consul pensa qu'il y avait lieu de faire des réserves à l'égard de cette puissance nouvelle, et de là vint l'art. 6 de la loi du 18 germinal an x.

« Il y aura recours au conseil d'Etat dans tous

« spirituel seulement, ont pu être et ont été effective-
« ment rétablies dans plusieurs diocèses de France,
« *avec l'assentiment de la puissance publique*, sans
« violer aucune loi ; que les art. 52 et 67 de la Charte
« constitutionnelle ne contiennent rien qui s'oppose à
« ce rétablissement, puisqu'ils ne statuent que sur la
« juridiction ordinaire et sur la justice qui émane du
« roi exclusivement ; que dès-lors rien ne fait obstacle
« à ce que les évêques de tous les diocèses organisent
« dans le sens proposé par le ministre des affaires
« ecclésiastiques l'exercice de leur juridiction spiri-
« tuelle ; que même l'intérêt de l'Eglise, de l'ordre et
« de la justice doit les y déterminer ;—considérant
« enfin que dans l'Eglise tout devant se faire suivant
« les règles canoniques, et les règles prescrivant que
« personne ne puisse être condamné sans avoir été
« entendu ou dûment appelé et sans preuves, il serait
« à désirer qu'à mesure que les officialités seraient
« investies par les évêques de l'exercice de la juridic-
« tion contentieuse qui leur reste, les formes de pro-
« céder devant elles fussent déterminées avec précision
« et d'une manière uniforme, ainsi que tout ce qui est
« de la substance des jugements ;—est d'avis 1° que
« les officialités ne pourraient être investies de la con-
« naissance d'aucune cause temporelle que par une loi ;
« 2° que cette institution, renfermée dans les limites

« les cas d'abus de la part des supérieurs et autres
« personnes ecclésiastiques. Les cas d'abus sont :
« l'usurpation ou l'excès de pouvoir, la contraven-
« tion aux lois et règlements de la République,
« l'infraction des règles consacrées par les canons
« reçus en France, l'attentat aux libertés, fran-
« chises et coutumes de l'Eglise gallicane, et toute
« entreprise ou tout procédé qui, dans l'exercice
« du culte, peut compromettre l'honneur des ci-
« toyens, troubler arbitrairement leur conscience,
« dégénérer contre eux en oppression, ou en in-
« jure, ou en scandale public.»

15. Deux motifs déterminèrent le législateur à
ne pas restituer les appels comme d'abus à la magistrature. D'abord, il ne voulait faire rentrer dans

---

« de la juridiction spirituelle, n'a rien de contraire aux
« lois du royaume ; 3° enfin qu'il serait utile que l'or-
« ganisation de ces officialités et la procédure à suivre
« devant elles fussent réglées uniformément et d'une
« manière qui déterminât avec précision la nature des
« preuves, le droit de la défense, et tout ce qui est de
« la substance des jugements. »—Une ordonnance du
2 novembre 1835 a déclaré « *nulle, abusive et non
avenue,* » une décision de l'official métropolitain d'Aix.
De même dans l'affaire du sieur Ferrand, le ministre
des cultes, avant de soumettre le recours au conseil,
renvoya la sentence attaquée à l'archevêque d'Avignon,
pour faire disparaître l'irrégularité résultant de ce
qu'elle avait été rendue par l'official au lieu du métropolitain.

la compétence des cours aucune attribution qui, de près ou de loin, touchât à la marche du gouvernement. Leur importance politique avait perdu les grands corps de judicature, et les rétablir, en les astreignant à rester dégagés des passions de chaque jour, c'était leur ménager une chance de durée. D'un autre côté, le gouvernement tenait à se réserver le droit de choisir l'heure où il faudrait lutter; car les cours d'appel en intervenant d'une manière inflexible, sans discernement des circonstances, auraient pu froisser un clergé puissant, quand il aurait été sage de se le rendre favorable. Ces deux raisons étaient décisives le lendemain du rétablissement des cours; la méfiance de leur docilité, la crainte de leurs usurpations, devaient préoccuper ceux qui avaient vu tomber les parlements victimes de leur turbulence. Mais elles perdirent de leur force, à mesure qu'on s'éloigna des commencements. Les cours se maintinrent avec sagesse dans les limites qui leur avaient été imposées, et leur prudence dissipa toute appréhension. Aussi dans le décret du 25 mars 1813, Napoléon attribuait-il aux cours impériales la connaissance des cas d'abus. Nous aurons à discuter plus tard si cette disposition est encore en vigueur, ou si elle est tombée avec le concordat de Fontainebleau, dont elle était l'accessoire. En ce moment, nous ne faisons que de l'histoire. En 1817, le gouvernement de la Restauration soumit à la chambre des députés un nouveau concordat. Mais il fut repoussé, et les articles organiques continuèrent à régir cette matière.

16. L'autorité de la loi organique a cependant été contestée. Déjà vers la fin de l'année 1803, le cardinal Capraja, légat *à latere*, avait fait au nom du pape des protestations qui tendaient à l'abrogation des articles 1, 2, 3, 6, 9, 10, 24 de la loi du 18 germinal an x. Mais ces réclamations ne furent pas accueillies. Spécialement, en ce qui concerne le recours pour abus, il fut répondu qu'il avait été l'un des points les plus constants de notre ancienne jurisprudence, et que jamais ni le pape ni les évêques n'avaient *obtenu de nos rois une fixation rigoureuse des cas dans lesquels il y aurait lieu à ce recours* [1].

Depuis, les attaques à la loi organique ont été non moins vives et non moins fréquentes [2]; mais constatons que ces plaintes sont plutôt inspirées par le désir de sauver les principes que par la manière dont l'autorité civile use de son pouvoir. La modération que le conseil d'Etat a toujours apportée dans le jugement de ces affaires est re-

---

[1] DUPIN, *Manuel*, p. 484.
[2] Voir un mandement de M. le cardinal de BONALD, donné le 24 novembre 1844.

connue même par ceux qui attaquent la loi ; il suffit, en effet, d'avoir étudié la jurisprudence superficiellement pour reconnaître que les admissions y sont rares et les rejets fréquents[1].

---

1 M. AFFRE reconnaît, en plusieurs endroits de son livre, que le conseil d'État apporte dans l'examen de ces affaires une grande réserve.

CHAPITRE II.

DES CAS D'ABUS.

§ Ier. *De l'usurpation et de l'excès de pouvoir.*

17. Tout acte de l'autorité ecclésiastique fait contrairement aux dispositions de la loi qui limitent son étendue est un excès de pouvoir. Il y a usurpation, lorsque le chef spirituel non-seulement sort de ses attributions, mais aussi empiète sur une autre autorité. Ainsi l'usurpation est un excès de pouvoir ; mais la réciproque n'est pas exacte ; car l'usurpation ne doit s'entendre que de l'entreprise juridictionnelle [1].

[1] Le recours pour cause d'usurpation est devenu moins fréquent depuis que les attributions sont mieux connues et définies. La cause en est que les passions ayant pris une autre direction, les deux pouvoirs ont mis fin à leur ancienne querelle, sinon par indifférence, au moins par un grand désir de conciliation. Ceci d'ailleurs n'a rien de particulier au recours fondé sur l'usurpation, mais s'applique à tous les autres motifs.—Qu'a donc pu vouloir dire M. ANTOINE BLANCHE lorsqu'il prétend que : « *l'abus pour usurpation* « *n'est plus possible en France, où toute justice* « *émanant du souverain, on ne trouve plus que des* « *juges institués par l'autorité civile?* » (*Dictionnaire d'administration*, v° Appel comme d'abus,

18. L'entreprise d'autorité a lieu ordinairement entre le pouvoir spirituel et le pouvoir temporel ; mais elle peut se produire aussi entre deux
supérieurs ecclésiastiques. Occupons-nous successivement de ces deux cas. — Le conseil d'Etat a
jugé que l'autorité ecclésiastique ne peut connaître de la validité d'un mariage sans usurper sur
l'autorité judiciaire. Voici les faits qui ont donné
lieu à cette décision. — Une Italienne, Thérèse de
Thorre, mariée à un sieur Massa, se plaignit au
pape de ce qu'elle n'avait été recherchée que dans
des vues d'intérêt, et lui demanda de prononcer
la dissolution d'un mariage qui n'avait pas été
consommé. Le pape commit l'évêque de Savonne
et trois ecclésiastiques pour entendre les témoins
et lui faire un rapport sur l'affaire. Mais un décret du 14 juin 1810 annula la procédure com-
mencée par l'évêque de Savonne comme abusive :

---

p. 65.) C'est là une assertion de toute fausseté ; car la
juridiction des évêques leur appartient en vertu d'un
droit propre et non par l'effet d'une délégation de l'autorité civile (art. 10 de la loi organique). La part que le
gouvernement prend à la nomination des supérieurs
ecclésiastiques ne fait pas obstacle à ce qu'ils aient une
juridiction inhérente à leur caractère. D'ailleurs est-ce
que sous l'ancienne législation, le gouvernement ne
s'était pas réservé une certaine participation à la nomination des titulaires ? — En tout cas, l'usurpation
pourrait très-bien se produire entre deux pouvoirs
institués par la même autorité.

« notamment en ce que le pape y connaît de la
« validité d'un contrat sur lequel l'autorité civile
« doit seule prononcer. »—Dernièrement une décision de l'évêque de*** a été déférée au conseil
d'Etat comme entachée d'excès de pouvoir, en ce
qu'elle contenait la condamnation à une amende.
La question n'a pas été tranchée ; car le recours
a été rejeté par une fin de non-recevoir [1]. Mais
voici comment le ministre s'exprimait dans son
rapport : « L'évêque de*** avait le droit de de-
« mander à l'abbé X... compte de sa conduite sous
« le rapport de la probité, de le juger, de le con-
« damner, de le destituer canoniquement, dès que
« sa conviction était formée. L'exercice de ce droit
« de discipline est tout à fait indépendant de la
« juridiction des tribunaux civils. Non-seulement
« Mgr l'évêque de*** n'avait pas besoin d'attendre
« leur décision de for extérieur, mais il pouvait se
« former au for intérieur une conviction contraire
« au jugement qu'ils auraient pu porter ; s'ils
« avaient été saisis, procéder canoniquement d'a-
« près cette conviction et rendre une décision *ex*
« *informatâ conscientiâ.* » Je ne saurais partager
cette opinion. Le paiement de l'amende prononcée
par la sentence épiscopale n'aurait pas empêché
les tribunaux criminels de la prononcer une se-

---

[1] Décret du 6 août 1850.

3.

conde fois contre le coupable : et que serait devenue la maxime *non bis in idem?* Remarquons
d'ailleurs que les évêques n'étant assujettis à aucune limite seraient armés de la peine connue
sous le nom d'*amende arbitraire*, et que la législation moderne a enlevée aux tribunaux ordinaires
eux-mêmes. « L'Eglise, dit Févret, emploie les
« peines ecclésiastiques de suspension, déposition
« et excommunication ; la justice royale, les *amen-*
« *des,* saisies, séquestration du temporel, empri-
« sonnement et autres plus grandes, s'il y échet [1]. »
« Les peines ecclésiastiques, dit un savant cano-
« niste allemand [2], ne peuvent en général consis-
« ter que dans la privation des avantages *octroyés*
« *par l'Église,* par conséquent au plus dans l'ex-
« clusion de la communauté. » La décision épiscopale qui condamnerait à une amende consti-
tuerait donc une usurpation sur les tribunaux
criminels.

19. Toute usurpation sur l'autorité temporelle
ne donne pas lieu au recours pour abus ; cette
voie n'est ouverte que lorsqu'il s'agit d'actes faits
par le supérieur spirituel, en vertu de son caractère ecclésiastique. Or, les attributions qui leur

---

[1] Févret, t. I, p. 42.
[2] Walter, *Manuel de droit ecclésiastique,* traduit
par de Roquemont, p. 263.

appartiennent ne sont pas toutes de cette nature. Il y en a qui leur sont déléguées par le gouvernement, sous le contrôle et l'autorité duquel il les remplissent ; en sorte que si leurs actes sont entachés d'excès de pouvoir, le pourvoi doit être introduit administrativement devant le ministre ; car, ils agissent dans ce cas comme administrateurs subordonnés, et non en vertu d'un droit propre. Ces principes ont été consacrés dans deux ordonnances dont je vais rendre compte.

20. De 1825 à 1839, le renouvellement triennal du conseil de fabrique n'avait pas eu lieu à la paroisse Saint-Louis-d'Antin, et l'on s'était borné à remplacer les membres décédés ou démissionnaires. En 1839, les membres qui composaient ce conseil jugèrent convenable de régulariser la position, et en conséquence, les cinq plus anciens s'étant retirés, ceux qui restaient procédèrent, le 7 avril 1839, à l'élection des nouveaux membres. C'est donc le 7 avril 1842 que le renouvellement triennal aurait dû être fait ; mais les choses se passèrent autrement, et le 2 octobre de la même année, l'archevêque de Paris rendit une ordonnance ainsi conçue :

« Considérant qu'aucune réélection et nomina-
« tion de nouveaux membres n'a eu lieu pour
« ladite fabrique depuis le 10 avril 1825 jusqu'au
« 7 avril 1839 ; — considérant que l'élection de

« cinq membres du conseil de fabrique, faite le
« 7 avril 1839, est nulle, soit parce que les mem-
« bres qui ont élu avaient perdu depuis longtemps
« tout droit d'élection, en vertu de l'art. 4 de
« l'ordonnance du 12 janvier 1825, soit parce
« qu'ils ont procédé à cette opération au nombre
« de trois seulement, et par conséquent en l'ab-
« sence de la majorité requise par l'art. 9 du dé-
« cret du 30 décembre 1809 ; — par ces motifs,
« reconnaissant que la fabrique de la paroisse
« Saint-Louis-d'Antin a perdu toute existence lé-
« gale, nous avons ordonné et ordonnons ce qui
« suit :

« Art. 1er. Sont nommés membre de la fabri-
« que, MM..... »

Les membres du conseil de fabrique attaquè-
rent cette ordonnance comme entachée d'excès
de pouvoir. Ils appuyaient leur demande sur la
jurisprudence constante du conseil d'Etat, d'après
laquelle le droit de statuer sur la validité des
élections d'un conseil de fabrique n'appartient pas
à l'autorité ecclésiastique, mais au chef du pouvoir exécutif, sauf le recours au conseil d'Etat [1].

---

[1] Ordonnances des 29 mai 1830, 11 octobre 1833,
20 octobre 1834 (fabrique de *Grandchamp*, Sarthe),
31 décembre 1837 (*Trois-Monts*, Calvados), 30 septembre 1839 (fabrique de *Pouillon*, Landes).

Or, l'archevêque de Paris, en statuant sur la validité des élections du conseil de la fabrique de la paroisse Saint-Louis-d'Antin, avait commis une entreprise de juridiction qui devait être déclarée abusive. Mais le recours fut rejeté par ordonnance du 8 mars 1844, dont voici les considérants :

« Considérant que l'ordonnance du 2 octobre
« 1842 a été rendue par l'archevêque de Paris
« dans l'exercice des pouvoirs administratifs qui
« lui ont été conférés par les lois sous le contrôle
« du Gouvernement;—Qu'à supposer qu'elle eût
« fait une fausse application des lois, décrets et
« ordonnances relatifs à la nomination des mem-
« bres des conseils de fabrique, cette fausse appli-
« cation ne rentre pas dans les cas d'abus prévus
« et déterminés par l'art. 6 de la loi du 18 ger-
« minal an X; que les réclamants peuvent, s'ils
« le jugent convenable, se pourvoir contre lesdites
« ordonnances par les voies ordinaires. »

21. Au mois d'avril 1841, les sieur et dame de Lagrasserie obtinrent la concession viagère d'un banc dans l'église de Louvigné-du-Désert (Ille-et-Vilaine), moyennant la redevance de 20 fr. La délibération du conseil de fabrique mentionnait que les formalités prescrites par l'article 69 du décret du 30 décembre 1809[1] avaient été rem-

---

[1] ART. 69. « La demande en concession sera pré-

plies ; mais en fait il était constant par des témoignages qu'elles avaient été omises. Des réclamations s'élevèrent et trois habitants demandèrent
l'annulation de cette concession au conseil de préfecture ; la demande fut renvoyée par le préfet à
l'évêque, qui annula la concession par ordonnance
en date du 6 février 1844. Les sieur et dame de
Lagrasserie déférèrent au conseil d'Etat cette
décision comme abusive ; leur recours se fondait
sur trois motifs : 1° Une concession de banc est
faite en vertu d'un contrat civil et conséquem-
ment toutes les difficultés qui peuvent s'élever à
son sujet sont de la compétence des tribunaux
ordinaires [1]. L'évêque en prononçant la nullité a
donc commis une usurpation ; 2° En déclarant
que les formalités de l'art. 69 n'ont pas été remplies, malgré l'énonciation contraire qui se trouve
dans la délibération du conseil de fabrique, il a
excédé ses pouvoirs ; 3° Le pouvoir de l'évêque en
cette matière est déterminé par l'art. 30 du décret
en date du 30 décembre 1809 ; cette disposition
ne lui donne le droit de statuer que sur le recours

« sentée au bureau, qui préalablement la fera publier
« par trois dimanches, et afficher à la porte de l'église
« pendant un mois, afin que chacun puisse obtenir la
« préférence par une offre plus avantageuse. »

[1] *Voir* Ordonnances sur conflit, en date des 4 juin
1826, 12 décembre 1828 et 19 octobre 1838.

provenant de difficultés entre le curé et le concessionnaire ; or, dans l'espèce aucun dissentiment n'a jamais existé. Par ordonnance en date du 16 décembre 1846, le conseil rejeta le pourvoi en se fondant sur ce qu'il s'agissait d'un acte fait par l'évêque dans l'exercice des pouvoirs administratifs à lui délégués par le gouvernement, sous son contrôle et son autorité.

22. L'usurpation d'un pouvoir ecclésiastique sur un autre pouvoir de même nature peut se produire de deux manières. Tantôt c'est un inférieur qui entreprend sur les attributions de son supérieur. Ainsi les curés n'ont sur les desservants aucune autorité, mais seulement un droit de surveillance : ils ne pourraient donc sans usurper les droits de l'ordinaire prononcer une condamnation ou faire un acte d'autorité contre un succursaliste de leur canton. Ce point résulte d'un règlement pour le diocèse de Paris, approuvé par le Gouvernement le 25 thermidor an XI et qui est devenu commun aux autres diocèses. Mais pour faire tomber cet excès de pouvoir, nous ne pensons pas qu'il y eût lieu d'employer l'appel comme d'abus ; car, le supérieur trouve dans sa position hiérarchique un moyen de défendre ses attributions. En effet l'article 30 de la loi organique dit positivement que : « les curés sont immédiatement « soumis aux évêques dans l'exercice de leurs

« fonctions. » L'évêque n'aura donc qu'à annuler la mesure prise par le curé. Tantôt, au contraire, l'usurpation est commise par un supérieur ecclésiastique égal. Ainsi l'archevêque qui connaîtrait de l'appel interjeté contre une décision rendue par un évêque suffragant d'un autre commettrait une entreprise de cette nature. Nous pensons que, dans ce cas, le recours pour abus serait ouvert ; car le métropolitain ne peut se défendre contre les empiétements de son égal qu'en appelant l'intervention d'un pouvoir supérieur à l'un et à l'autre [1].

22 *bis.* Quant à l'excès de pouvoir simple, nous en pourrions citer des exemples très-nombreux ; nous nous bornerons aux principaux. L'évêque qui manifesterait la nomination d'un curé non encore agréée par le Gouvernement commettrait un excès de pouvoir [2]. Il en serait de même de l'ecclésiastique qui ferait en chaire la publication de choses étrangères au culte, sans avoir reçu l'ordre du gouvernement [3].

23. Aux termes de l'art. 4 de la loi organique : « Aucun concile national ou métropolitain, au- « cun synode diocésain, aucune assemblée déli-

---

[1] ART. 15 de la loi organique.
[2] ART. 36 *ibid.*
[3] ART. 53 *ibid.*

« bérante n'aura lieu sans la permission du Gou-
« vernement.»Par conséquent, toute convocation à
un concile ou synode non autorisé serait un excès
de pouvoir attaquable par l'appel comme d'abus [1].
Les chapitres n'étant placés auprès de l'évêque
que pour l'assister de ses conseils, ils n'ont pas le
droit de prendre des décisions ; il y aurait excès
de pouvoir, par exemple, dans la délibération par
laquelle un chapitre adhérerait à un acte de
l'évêque [2].

24. Dans plusieurs affaires, on s'est posé la
question de savoir s'il y aurait abus pour excès
de pouvoir dans le refus fait par un évêque d'autoriser un imprimeur à imprimer ou réimprimer
des livres d'église. Cette question demande des
développements ; car, il importe de déterminer
d'abord quelle est la nature du droit des évêques,
en cette matière. Voici comment est conçu le
décret du 7 germinal an XIII :

Art. 1. « Les livres d'église, les heures et

---

[1] Des conciles ont été réunis récemment sans demande
d'autorisation préalable, les évêques ayant pensé que
la liberté de réunion existait pour tous. Afin de réserver
cette question, le ministre des cultes provoqua un
décret du Président de la République, ayant pour objet
d'autoriser pendant l'année 1849 « tous les conciles
métropolitains et synodes diocésains.»(Décret du 16 septembre 1849.)

[2] Ordonnance du 24 mars 1837.

« prières, ne pourront être imprimés ni réim-
« primés que d'après la permission donnée par les
« évêques diocésains, laquelle permission sera
« textuellement rapportée et imprimée en tête
« de chaque exemplaire.

Art. 2. « Les imprimeurs-libraires qui feraient
« imprimer, réimprimer des livres d'église, des
« heures ou des prières, sans avoir obtenu cette
« permission seront poursuivis conformément à
« la loi du 19 juillet 1793. »

23. Cette disposition ne doit s'appliquer qu'aux livres et prières reproduisant le missel et ne s'étend pas à celles qui seraient composées soit par une personne sans caractère, soit par un évêque ou extraites d'un autre livre que le missel [1]. Ainsi restreintes, ces dispositions ont-elles entendu consacrer au profit des évêques un privilége exclusif,

---

[1] « Mais ce serait abusivement et par une fausse inter-
« prétation du décret que l'on voudrait faire compren-
« prendre parmi ces livres ceux qui ne contiennent que
« des prières, méditations ou explications composées
« *ad hoc*, extraites d'autres livres que le *Missel*, et
« qui, par conséquent, contiennent autre chose que les
« usages, le propre du diocèse. Telle nous paraît être
« la *Journée du chrétien*, livre qui n'est pas particu-
« lièrement applicable aux usages du diocèse et qui,
« dans tous les cas, n'est pas exclusivement extrait de
« la source commune à tous les livres du diocèse, le
« *Missel général. (Revue de droit français et étranger*,
« année 1847, p. 182, article de M. DUMESNIL.) »

une quasi-propriété littéraire? Plusieurs opinions se sont produites sur ce point.

26. Un auteur recommandable a soutenu que le décret du 7 germinal an XIII a été abrogé par l'article 7 de la Charte et par le principe consti-tutionnel qui garantit aux citoyens sans distinc-tion la liberté de la presse [1]. Mais cette opinion est repoussée par la doctrine et par la jurispru-dence. Deux autres opinions se sont produites. D'après les uns, le droit des évêques est absolu et le privilége qu'ils confèrent aux imprimeurs exclu-sif [2]. D'après les autres, le droit des évêques est borné aux limites d'une haute censure épisco-pale [3].

---

[1] Renouard, *Traité sur la propriété littéraire*, t. II, n° 68.

[2] Arrêts de la cour de Cassation des 30 avril 1825, 25 juillet 1830 et 9 juin 1843.—Arrêts de la cour de Paris des 14 mai 1830 et 25 novembre 1842.— *Revue de droit français et étranger*, décembre 1846, article de M. Teyssier-Desfarges.

[3] Arrêt de la cour de Cassation du 28 mai 1836.— Colmar, 6 août 1833.—Caen, 14 février 1839. Instruc-tions du directeur de la librairie en date des 23 juin 1810, 13 mai 1811 et 26 novembre 1814.—Dufour, *Police des cultes*, p. 593, 643.—Laferrière, *His-toire du droit*, t. II, p. 88.—Dumesnil, *Revue de droit français et étranger*, 1847, p. 169-200.— De Lamartine, Rapport fait à la chambre des Députés, le 13 mars 1841, sur le projet de loi relatif à la propriété

27. Le droit de haute censure épiscopale suffit, en effet, pour assurer le but que le législateur a voulu atteindre ; car le décret de l'an XIII n'a été fait que pour maintenir la pureté de la foi, l'orthodoxie des croyances. Donner aux évêques une espèce de propriété littéraire, ce serait dépasser la pensée de la loi et leur remettre un droit qui n'est pas nécessaire au résultat que l'on s'est proposé d'atteindre. La question a été tranchée en ce sens par les considérants d'un décret, rendu le 15 juin 1809, en conseil d'Etat. « Con-« sidérant, y est-il dit, que le décret du 7 ger-« minal an XIII, en statuant que les livres d'é-« glise, d'heures et de prières ne pourraient être « imprimés ou réimprimés que d'après la per-« mission donnée par l'évêque diocésain, n'a « point entendu donner aux évêques le droit d'ac-« corder un privilége exclusif d'imprimer ou « réimprimer les livres d'église. » L'autorité de cette décision est d'autant plus grande qu'elle

---

littéraire. « Nous avons pensé que toucher à la législa-« tion toujours en vigueur de l'an XIII, ce serait tomber « dans l'un et l'autre danger ; que par cette législation « l'autorité épiscopale est armée d'un droit convenable « *non de propriété, ni de privilége*, mais d'approba-« tion spéciale et préalable dans le diocèse, pour l'im-« pression et réimpression des livres liturgiques à « l'usage du diocèse. »

fut rendue sur les conclusions contraires du rapporteur M. Portalis. Elle dut être l'objet d'une discussion complète, et l'on ne peut s'empêcher de la considérer comme l'expression réfléchie de l'opinion du conseil d'Etat. D'ailleurs ce décret n'est pas pour nous une interprétation obligatoire, comme certains jurisconsultes l'ont prétendu ; car il intervint à l'occasion d'une affaire particulière, et il n'a jamais eu le caractère de généralité qui est nécessaire à une interprétation de la loi [1]. D'un autre côté, il n'a pas été publié au bulletin officiel. Il eut une grande efficacité; car on le suivit dans la pratique, ainsi que cela est attesté par trois circulaires du directeur de la librairie, en date des 23 juin 1840, 13 mai 1841 et un autre de 1814. La jurisprudence de la Cour de cassation est néanmoins indécise, et si l'opinion que nous avons adoptée est consacrée dans un arrêt en date du 28 mai 1836, rendu par la chambre civile, la chambre des requêtes s'est écartée de cette solution par un arrêt de rejet du 9 juin 1843.

28. Dans son réquisitoire de 1836, M. Dupin résuma ainsi les conséquences de la doctrine qui fut consacrée à cette époque par la Cour de cassation : « 1° Oui, l'imprimeur en contravention

---

[1] V. MERLIN, v° *Interprétation*, t. VIII, p. 564.

4.

« pourra être poursuivi par le ministère public,
« sur la délation de l'évêque ou même d'office,
« dans l'intérêt public, et l'amende de 100 à 2,000
« fr. sera prononcée (art. 427 C. pénal). 2° Mais
« l'évêque ne pourra se rendre partie civile ; il
« n'est ni auteur, ni propriétaire, ni atteint dans
« sa fortune ; il n'a pas d'action privée transfor-
« mable en écus, devant tomber dans sa main ou
« dans sa caisse. 3° Son prétendu cessionnaire
« n'a pas plus de droits que lui ; la permission
« qui l'autorise à imprimer le place hors de la
« peine, *extra pœnam*, mais elle n'est pas un pri-
« vilége [1]. »

29. Ces préliminaires étaient indispensables
pour la discussion de la question suivante : Si
l'évêque refuse d'accorder l'autorisation à un imprimeur qui offre de se soumettre à toutes les
garanties qu'il plaira au supérieur ecclésiastique
de déterminer, y aura-t-il lieu au recours pour
excès de pouvoir ? Le conseil d'Etat a plusieurs
fois décidé dans le sens de la négative. Ainsi, l'évêque de Séez avait publié en 1838 un avertis-
sement, d'après lequel le sieur Valin, son imprimeur, était seul en droit d'imprimer le catché-
chisme du diocèse ; sur le recours du sieur Loisel,
libraire à Falaise, intervint une ordonnance de

---

[1] *Réquisitoires*, t. II, p. 508.

rejet, en date du 18 mars 1841. Le sieur Lalle-mand, imprimeur, avait demandé à l'évêque de Verdun l'autorisation d'imprimer des livres d'é-glise à l'usage du diocèse et avait offert d'en laissser surveiller l'édition par un prêtre délégué *ad hoc*. Sur le refus de l'évêque, il appela comme d'abus ; mais son recours fut rejeté par l'ordonnance du 30 mars 1842. Néanmoins un passage du rapport présenté au roi par le ministre témoigne d'un dissentiment entre l'opinion du conseil et celle de l'administration des cultes. « M. l'évêque de « Verdun, y est-il dit, en m'informant qu'il ne « peut donner au sieur Lallemand une approba-« tion pour les livres d'église, ajoute, il est vrai : « Il « n'est pas ici question d'un privilége pour l'impri-« meur à qui elle est confiée, mais seulement de « l'exercice d'un droit que la loi a établi dans l'in-« térêt des doctrines religieuses et de leur unité. » « Assurément le décret du 7 germinal an XIII, en « exigeant pour l'impression et la réimpression « des livres d'église une permission spéciale des « évêques, leur donne le droit de la refuser. S'il « s'agissait ici de l'impression d'un livre nouveau « dont la publication paraîtrait dangereuse au « prélat, ou même d'un livre ancien dont la réim-« pression pourrait avoir des inconvénients du « même genre, nul doute que, chargé de veiller « au maintien de la doctrine il ne puisse, à cet

« égard, exercer son droit avec une autorité ab-
« solue, sans en rendre compte à autrui, et sans
« que sa juridiction puisse être contrôlée par au-
« cun autre pouvoir. Mais il manifeste lui-même
« ses intentions, en disant : « Ce droit, que les
« évêques ne peuvent exercer qu'en confiant à un
« seul imprimeur la faculté d'imprimer les livres
« d'église à l'usage du diocèse. » Il ne s'agit donc
« pas seulement d'user de la faculté que lui donne
« la loi, mais, à l'aide des motifs sur lesquels cette
« loi repose, de se créer un pouvoir plus grand,
« et sous prétexte que le droit de censure qu'elle
« accorde n'est pas suffisant, de s'attribuer une
« autorité plus complète. C'est cette prétention
« qui constitue l'excès de pouvoir et par consé-
« quent l'abus [1]. ». La doctrine du conseil d'Etat
nous paraît justifiée par une raison décisive. Le
pouvoir de l'évêque est discrétionnaire, et dès
lors son essence répugne à toute espèce de recours [2]. On objecte que ce pouvoir discrétionnaire,
si on le déclare absolu, aura le même effet qu'un
droit de propriété. Cette objection va trop loin ;

----

[1] Rapport en date du 16 février 1842.
[2] « Nous convenons, dit M. DUMESNIL, que d'après
« l'axiome *nemo potest cogi ad factum*, l'évêque ne
« peut être forcé de donner la permission que le libraire
« lui demande ; mais..... si l'évêque refuse, le libraire
« ne commet aucun délit en passant outre, et par

car, le pouvoir discrétionnaire ne fait pas obstacle à ce que l'imprimeur, sans s'exposer aux peines de la contrefaçon, édite le livre de prières, en se conformant au texte orthodoxe; seulement il devra s'abstenir en ce cas de mettre sur le livre la mention de l'autorisation, à peine d'être poursuivi conformément à l'art. 427 C. pénal. Il ne pourrait pas au contraire imprimer, même à ces conditions, si la permission accordée par l'évêque conférait un droit de propriété littéraire[1]. Un jugement du tribunal de Falaise, rendu le 29 novembre 1838, avait condamné le sieur Loisel aux peines de la contrefaçon, quoiqu'il se fût conformé au texte approuvé; mais cette décision fut réformée sur appel, par arrêt de la Cour d'Amiens, en date du 11 février 1839.

30. Dailleurs, les limites de chaque pouvoir étant déterminées par des lois, il est évident que l'excès de pouvoir est en même temps une contravention aux lois et qu'il est souvent impossible d'établir la démarcation entre ces deux cas d'abus. Il n'y a même pas grande utilité à le faire, puisque l'un et l'autre produisent le même effet. Aussi

---

« conséquent ne peut être condamné ni à la confisca-« tion ni à l'amende. » (*Revue de droit français*, 1847, 193.)

[1] DE CORMENIN, t. I, p. 233, note 1.—DUMESNIL., *Revue de droit français*, 1847, p. 194.

dans la pratique ne prend-on pas soin de distinguer, et le même fait est souvent qualifié tout à la fois contravention aux lois et excès de pouvoir. Dans le rapport qui précéda l'ordonnance du 9 mars 1845, M. Vivien s'exprima ainsi en résumant les conclusions : « Que si nous écartons ces ap-
« préciations générales, pour caractériser, avec
« plus de précision, les cas d'abus qui peuvent
« être signalés dans le mandement de M. le car-
« dinal de Bonald, nous y trouvons pour reprendre
« les termes de la loi organique : « *Attentat aux*
« *libertés de l'Église Gallicane, contravention*
« *aux lois, excès de pouvoir* [1]. »

§ 2. *Contravention aux lois et règlements.*

31. Les lois et règlements obligent tous les citoyens. Si les ecclésiastiques y contreviennent par des actes étrangers au culte, ils sont régis par le droit commun et jugés par les tribunaux ordinaires [2]. Mais la nature de leurs fonctions les a

---

[1] On trouve, au contraire, en matière civile, certains cas où il y a intérêt à distinguer entre la contravention aux lois et l'excès de pouvoir. Ainsi les décisions en dernier ressort des juges de paix ne peuvent être attaquées devant la Cour de cassation pour violation de la loi, mais seulement pour excès de pouvoir.

[2] Néanmoins, les évêques ont été placés par la loi du 24 avril 1810 sous la juridiction privilégiée des Cours d'appel.

fait soumettre à un régime particulier. Un pouvoir qui s'exerce sur les consciences est en effet bien placé pour verser sur les lois le respect ou le mépris. Le législateur a pensé que si dans la plupart des cas on devait attendre pour les lois la protection de l'Eglise, il était prudent de prévoir l'abus qui pourrait être fait de l'autorité spirituelle. Aussi a-t-il mis la contravention aux lois et règlements parmi les causes de recours.

32. Un ecclésiastique a le droit de publier un ouvrage où une loi serait appréciée et critiquée; car la liberté de la presse existe pour lui comme pour tous[1]. De même, il pourrait user du droit de pétition, et s'adresser soit au pouvoir législatif pour en demander l'abrogation ou la modification, soit au Gouvernement pour provoquer son initiative. Mais s'il attaquait la loi dans l'exercice du culte, par exemple dans un mandement, il y aurait abus. Cette distinction a été souvent consacrée par le conseil d'Etat, et notamment dans une ordonnance en date du 24 mars 1857. L'archevêché de Paris ayant été dévasté par l'émeute, une ordonnance en date du 13 août 1831 disposa que les bâtiments du palais seraient mis en vente

---

[1] Il est inutile de faire observer que s'il usait du droit commun il se trouverait passible de la législation en matière de presse.

comme propriété de l'État et à charge de démolition. Le 13 février 1837, le Gouvernement présenta aux Chambres un projet de loi ayant pour objet de céder à la ville de Paris l'emplacement de l'ancien édifice pour être transformé en promenade publique. Le 4 mars 1837, M. de Quélen, archevêque de Paris, publia un mandement pour protester contre cette double mesure ; il y soutenait que ce terrain n'avait pas cessé d'appartenir à l'Église, le pape n'ayant sanctionné dans le concordat que la vente nationale des biens déjà aliénés à cette époque. Le 6 du même mois, le chapitre métropolitain adhéra au mandement. Le mandement et la délibération furent déférés au conseil d'État, qui les déclara abusifs comme ayant violé les lois qui ont réuni les biens ecclésiastiques au domaine de l'État.

33. Aucune difficulté ne peut exister lorsque la contravention se trouve dans un mandement, qui est un acte de l'exercice du culte. Mais la question s'est présentée dans une circonstance plus délicate. Le 29 octobre 1834, l'évêque de Moulins protesta contre le mode d'administrer les biens des séminaires, par un mémoire adressé au roi et qui fut envoyé à tous les évêques pour provoquer, de leur part, un concert de réclamations. L'évêque de Moulins avait méconnu ainsi le décret du 6 novembre 1813, portant règlement de la comp-

tabilité des séminaires. Mais cette contravention était-elle commise dans l'exercice du culte du moment qu'il ne s'agissait plus d'un mandement ? Ce mémoire ne devait-il pas être considéré plutôt comme l'exercice d'un droit commun à tous les citoyens ? Sans doute l'évêque ne s'était pas borné à pétitionner et il avait appelé les évêques à se réunir à lui ; mais ne pouvait-on pas dire d'un autre côté qu'il n'y avait là qu'un pétitionnement collectif ? Le conseil d'Etat, sans s'arrêter à ces objections, déclara qu'il y avait abus, par ordonnance du 4 mars 1835, dont voici les principaux considérants : « Considérant que si les « évêques de notre royaume sont admis comme « tous les citoyens à recourir auprès de nous contre « tous les actes émanés de nos ministres, il n'est « point permis à un évêque, dans un mémoire « imprimé et adressé à tous les évêques du royau- « me, de proposer, de leur part, un concert pour « s'associer à des démarches et de chercher à « donner ainsi à ses déclarations et à ses actes un « caractère qui les rendrait communs à l'épisco- « pat tout entier ; — considérant que s'il appar- « tient à un évêque de nous proposer les modifi- « cations ou améliorations qu'il croirait utile « d'introduire dans la comptabilité des établis- « sements ecclésiastiques, il ne lui est point « permis de provoquer, de la part des autres

« évêques du royaume, la désobéissance aux lois
« et aux règlements en vigueur. »

34. La contravention aux règlements est placée
par l'article 6 de la loi organique sur la même
ligne que la contravention aux lois. Le maire de
Dijon avait fait un arrêté pour défendre les processions extérieures, par application de l'article 45
de la loi du 18 germinal an x. Cet arrêté fut plus
tard annulé par le préfet; mais, avant cette abrogation, le curé fit sortir une procession. Le com-
missaire de police, en sa qualité de ministère
public près le tribunal de simple police, demanda
au conseil d'Etat une déclaration d'abus, et, en
même temps, l'autorisation de poursuivre le curé
pour contravention. Le curé opposait au pourvoi
une fin de non-recevoir tirée de l'illégalité de
l'arrêté municipal, et il forma même contre lui
un recours incident pour le faire déclarer abusif,
comme attentatoire à la liberté des cultes. Mais la
fin de non-recevoir et le recours incident n'étaient
pas admissibles, en présence de l'article 45 de la
loi organique : aussi la déclaration d'abus fut-elle
prononcée contre le curé par ordonnance du 16
février 1842.

35. Aux termes de l'article 69 de la loi organique, «les évêques rédigent les projets de règle-
« ments relatifs aux oblations, que les ministres
« du culte sont autorisés à recevoir pour l'admi-

« nistration des sacrements. Les projets de règle-
« ments, rédigés par les évêques, ne pourront
« être publiés ni autrement mis à exécution qu'a-
« près avoir été approuvés par le Gouvernement. »
Si un prêtre percevait des droits plus élevés que
ceux fixés au tarif, il y aurait contravention à un
règlement. Mais l'abus n'existerait qu'autant que
l'oblation aurait été arrachée par un mauvais
usage de l'autorité, car il n'est pas interdit au
prêtre de recevoir des dons volontaires. Ces deux
points ont été jugés par une ordonnance en date
du 4 mars 1830 [1].

36. C'est ici le lieu de poser la question de savoir si un ecclésiastique peut être traduit devant
les tribunaux, sans autorisation du conseil d'Etat,
pour délit commis dans l'exercice de ses fonctions.
L'art. 75 de la constitution du 22 frimaire an VIII
porte que les agents du Gouvernement autres que
les ministres ne peuvent être poursuivis pour faits
relatifs à leurs fonctions, qu'en vertu d'une décision du conseil d'Etat. Il est reconnu, et la con-
testation n'est plus possible sur ce point, que cette
disposition n'est pas applicable aux ministres du
culte. Car on doit entendre par *fonctionnaires* des
agents du Gouvernement dépositaires d'une partie

---

[1] Affaire *Gancel et autres* contre *Partie*, curé de
Lalonde.

de l'autorité publique, et agissant au nom d'un pouvoir dont ils dépendent. Or les ministres du culte ne sont pas des agents du pouvoir exécutif; ils n'exercent aucune portion de la puissance publique, et l'autorité dont ils relèvent n'est pas sur la terre [1]. Le conseil d'Etat a même jugé que la demande en autorisation de poursuites est non recevable quand elle se fonde uniquement sur l'art, 75 de la constitution de l'an VIII. Cette décision nous paraît contraire aux principes du droit; car pour qu'une réclamation soit irrégulière il ne suffit pas qu'elle s'appuie sur de mauvais motifs, si elle est valable en soi. Sans doute un tribunal, quel qu'il soit, ne doit pas prononcer *ultra petita*; mais ce n'est pas enfreindre cette règle que de suppléer des motifs, les chefs de la demande demeurant les mêmes [2].

Il faut en outre dégager la question des délits ou crimes qui seraient commis en dehors des cas d'abus; car tout acte délictueux commis par un ministre du culte dans l'exercice de ses fonctions n'est pas un cas d'abus. Pour qu'il rentre dans la disposition de l'art. 6 de la loi organique, il faut

---

[1] Cour de Cassation, arrêts des 9 septembre, 2 novembre, 25 novembre et 23 décembre 1831, 10 septembre 1836.

[2] Ordonnance du 27 décembre 1844.

que cet acte ait été commis par le prêtre en sa qualité de prêtre. Ainsi supposons qu'un prêtre ait donné la mort avec une hostie empoisonnée, il n'y aura pas abus, quoique la perpétration du crime ait eu lieu dans l'exercice des fonctions sacerdotales, et la poursuite pourra être portée directement devant les tribunaux. Toute la difficulté consiste donc à savoir si l'autorisation du conseil d'Etat est nécessaire lorsque l'acte est tout à la fois un délit de droit commun et un abus. C'est ainsi que la difficulté a été délimitée par plusieurs ordonnances du conseil d'Etat[1].

37. Il importe de reproduire ici le texte de l'art. 8 de la loi organique, car c'est dans ses termes qu'ont été cherchés les éléments de solution :

« Sur le rapport du ministre des cultes, l'affaire

---

[1] *Voy.* DE CORMENIN, *Droit administratif*, t. II, app., p. 4 ; DUFOUR, *Traité de droit administratif*, t. II, p. 521 et suiv. Elle a été méconnue par M. VUILLEFROY, *Administration du culte catholique*, v° ABUS, p. 45, 46, 47, et note *a* : « Le texte, dit-il, ne « parle du recours devant le conseil d'État que dans « les *cas d'abus*. A aucune époque, sous aucun régime, « le mot *d'abus* ne s'est appliqué aux crimes ou délits « ordinaires, quels que soient le lieu et la circonstance « où ils ont été commis ; ce qui, de tout temps, a « caractérisé l'abus, ce n'est ni le lieu ni la circon- « stance, c'est la nature même de l'acte. L'acte abusif « est celui qui a été fait, sans pouvoir, au-delà de la « juridiction ordinaire naturelle. »

5.

« sera suivie et définitivement terminée en la
« forme administrative ou, suivant l'exigence des
« cas, renvoyée aux autorités compétentes. » Les
uns n'ont pas trouvé dans cette disposition la créa-
tion d'une garantie semblable à celle de l'art. 75
de la constitution consulaire. Cet article veut dire
seulement que, si le fait déféré comme abusif pa-
rait au Conseil présenter les caractères d'un délit
ordinaire, il renverra aux tribunaux, tandis que,
si c'est un acte simplement abusif, l'affaire sera
terminée administrativement. En d'autres termes,
l'art. 8 a disposé seulement pour le cas où le conseil est déjà saisi par la libre initiative des parties
et non pour obliger celles-ci à le saisir[1]. D'autres
pensent au contraire que l'art. 8 de la loi du 18
germinal an X a créé pour les ecclésiastiques une
immunité analogue à celle qui protège les agents

---

[1] DUFOUR, *Police des cultes*, p. 470 et suivantes ;
CHAUVEAU et FAUSTIN HÉLIE, *Théorie du Code
pénal*, t. IV, p. 275 et 276 ; SERRIGNY, *Compétence
administrative*, t. I, p. 442-450. — « Quel est le sens
« de ce texte? dit ce dernier auteur ; il signifie tout
« simplement que, quand le conseil d'État est saisi d'un
« cas d'abus, il peut terminer définitivement l'affaire,
« ce qui aura lieu si le fait ne constitue ni crime, ni
« délit, ni contravention tel qu'un refus de sépulture
« ou de sacrement ; ou bien qu'il pourra renvoyer
« l'affaire devant les tribunaux si le fait inculpé ren-
« ferme en outre les caractères d'un crime ou d'un
« délit. »

du Gouvernement. Selon eux, le législateur n'a pu vouloir dépouiller le prêtre d'un privilége accordé au fonctionnaire le plus humble, ni permettre que les pratiques les plus saintes descendissent à tout instant dans l'arène judiciaire, exposées à la lutte des passions anti-religieuses. La première opinion nous paraît plus rigoureusement justifiée en droit; car, le texte de l'art. 8 n'étant pas impératif, il faut nécessairement se placer sous l'application des principes généraux et rentrer dans le droit commun. Néanmoins nous ne pensons pas qu'il soit possible d'insister sur ce point; car l'accord qui s'est établi entre la Cour de cassation et le conseil d'Etat a fondé une jurisprudence qui n'a aucun inconvénient et dont la pensée est tellement juste en législation, que nous n'avons nulle envie de combattre pour l'honneur des textes [1].

---

[1] Cour de Cassation, arrêts des 25 août 1827, 28 mars et 17 octobre 1828, 18 février 1836 et 26 juillet 1838. Ce dernier arrêt fut rendu contrairement aux conclusions de M. HELLO. (DALLOZ, 38, 1, 324.)— Cour d'Agen, 27 février 1840; Orléans, 11 juin 1840; Limoges, 28 janvier 1840. — *Voy.* en ce sens *Dictionnaire d'administration*, v° Appel comme d'abus, p. 68. —FOUCART, *Éléments de droit public et administratif*, t. I, p. 170, DE CORMENIN, *Droit administratif*, t. II, appendice, p. 4.—LAFERRIÈRE, *Cours de droit public et administratif*, t. I, p. 312.—Et

38. Aux termes de l'art. 199 du Code pénal, les ministres du culte ne peuvent procéder aux cérémonies religieuses d'un mariage sans qu'il leur ait été justifié d'un acte de mariage préalablement reçu par les officiers de l'état civil, à peine d'une amende de 16 fr. à 100 fr. La contravention à cet article est tout à la fois un délit et un acte abusif: par conséquent les tribunaux correctionnels ne peuvent être saisis qu'en vertu du renvoi ordonné par le conseil d'Etat. La jurisprudence est fixée en ce sens que le renvoi à l'autorité judiciaire n'est ordonné que si le ministre des cultes a agi sciemment; s'il est de bonne foi, le conseil se borne à déclarer l'abus [1].

39. L'injure prononcée en chaire ou dans l'exercice d'une fonction ecclésiastique quelconque présente également le caractère du délit et de l'abus. C'est de tous les faits celui qui a donné lieu au nombre le plus considérable de recours [2]. Il n'entre pas dans notre pensée d'analyser toutes les

DUFOUR, *Traité de droit administratif*, t. II, p. 523. —*Voy*. Ordonnance du conseil d'Etat rendue le 27 août 1839 (*veuve Hue*).

[1] Ordonnance du 3 décembre 1828 (affaire Pélissier). —Ordonnance du 25 décembre 1830.

[2] Voir entre autres, ordonnance du 25 février 1818 (*Plouin-Dubreuil*);—du 19 juin 1829 (affaire *Baillard*); du 19 juin 1829 (affaire *Benoin*).

ordonnances qui ont été rendues à ce sujet ; car la plus grande partie manque d'intérêt soit au point de vue du droit, soit au point de vue du fait. Nous nous bornerons à parler des plus importantes.— Un servant de synagogue de Wintzenheim avait annoncé que le sectaire Raphaël Block était exclu des cérémonies religieuses. Une action ayant été dirigée contre lui, le tribunal de Wintzenheim le condamna comme coupable d'injure. Mais le préfet du Haut-Rhin éleva le conflit sur ce fondement que la police des cultes appartient à l'autorité administrative, et un décret rendu en conseil d'Etat annula le jugement comme entaché d'excès de pouvoir [1]. L'ancienneté de ce décret explique la décision qu'il consacre. La matière des conflits n'était pas encore régie par l'ordonnance du 1er juin 1828, qui porte en son article 3 : « Ne donneront pas lieu au conflit ; 1° le défaut « d'autorisation, soit de la part du Gouvernement « lorsqu'il s'agit de poursuites dirigées contre ses « agents, soit de la part du conseil de préfecture, « lorsqu'il s'agira de contestations judiciaires dans « lesquelles les communes ou les établissements « publics seront parties. 2° Le défaut d'accom- « plissement des formalités à remplir devant l'ad- « ministration préalablement aux poursuites ju-

---

[1] Décret du 9 frimaire an XIII.

« diciaires. » La première partie de cette disposition n'est pas relative à la question, puisque les ministres du culte ne sauraient être considérés comme des agents du Gouvernement. Mais le deuxième alinéa est conçu en termes tellement généraux, qu'il est évidemment applicable. C'est par inadvertance, sans doute, que M. Dufour s'est laissé aller à soutenir que le conflit pourrait être élevé en ce cas. Ce qui le prouve, c'est que cet auteur appuie son opinion sur l'ordonnance du 24 mars 1819, précédent qui est dépourvu de toute autorité , puisqu'il est antérieur à 1828, comme l'ordonnance Raphaël Block , dont nous venons de parler[1].

40. Un jugement rendu par le tribunal de Saverne, le 22 mars 1849, avait condamné le

---

[1] Dufour, *Traité du droit administratif*, t. II, p. 528.—Ordonnance du 24 mars 1819 (affaire *Dideron*). Sans doute on peut invoquer l'art. 3, § 2e, qui ouvre le conflit en matière de police correctionnelle, « lorsque le jugement à rendre par le tribunal dépendra « d'une question préjudicielle dont la connaissance appar- « tiendrait à l'autorité administrative, en vertu d'une « disposition législative. » Mais d'abord cet article ne s'applique qu'aux matières correctionnelles ; elle ne saurait être opposée pour les poursuites civiles. D'un autre côté , le caractère abusif est tellement peu une question préjudicielle que l'appel comme d'abus pourrait être formé nonobstant un jugement correctionnel prononcé sans autorisation préalable du conseil d'État.

sieur Werckli à payer la somme de 300 fr. ré-
clamée par la dame Wolf, à la condition que
celle-ci affirmerait, *more judaico*, entre les
mains du rabbin de Phalsbourg, que cette somme
lui était due. Le sieur Isidor, rabbin de Phalsbourg, ayant refusé le concours de son ministère, la dame Wolf se pourvut au conseil d'Etat
par voie d'appel, comme d'abus, et demanda l'autorisation de poursuivre le rabbin à fins civiles.
Le consistoire central des Israélites consulté sur
cette question, approuva la conduite du sieur
Isidor, en se fondant sur ce que tous les Francais
étant égaux devant la loi, il ne fallait pas établir
un signe d'inégalité, en astreignant les juifs à
prêter serment *more judaico*. Dans son rapport,
en date du 5 mai 1845, le ministre concluait à
le déclaration d'abus. Il répondait à l'opinion du
Consistoire en faisant observer qu'il n'y avait pas
lieu de crier à l'inégalité, puisque la dame Wolf
demandait à prêter le serment *more judaico*. Mais
le conseil d'Etat ne trouva dans les faits aucun

V. Boulatignier, v° Conflit, *Dictionnaire d'administration* 463 et 469. Cette question n'y est pas traitée.
Mais les développements que cet article contient sur les
art. 2 et 3 de l'ordonnance du 1er juin 1828 sont de
nature à bien faire comprendre ces deux dispositions :
cet article est sans contredit le plus complet qui ait été
publié sur la matière des conflits.

des cas d'abus énumérés en l'article 6 de la loi organique et rejeta la requête.

41. Dans plusieurs circonstances, on a déféré au conseil d'Etat des actes qui ne présentaient pas le double caractère du délit et de l'abus et sur lesquels néanmoins il a été statué. Ainsi nous trouvons l'exemple d'un recours dirigé contre un prêtre accusé d'avoir par des violences empêché une personne de prendre part à une cérémonie de son culte, délit prévu par l'art. 260 du Code pénal. Nous pensons que dans ce cas l'action pouvait être portée directement devant les tribunaux, sans autorisation préalable; car il ne s'agissait pas de faits commis par le prêtre comme prêtre; un particulier aurait pu s'en rendre coupable par les mêmes moyens et l'on ne saurait considérer un acte ayant pour objet d'empêcher l'exercice du culte comme un procédé de ce culte. La même observation peut être faite sur l'ordonnance du 8 avril 1834 par laquelle le conseil d'Etat a autorisé la mise en jugement d'un ecclésiastique accusé d'avoir commis un outrage à la pudeur pendant l'exercice de ses fonctions[1].

42. Nous avons vu que les évêques ont pour accorder l'autorisation à un libraire d'imprimer

---

[1] Affaire *Maret.*—Voir DE CORMENIN, t. I, p. 259, note 2.

des livres d'Eglise un pourvoir purement discrétionnaire. Par conséquent, ils ne sauraient être actionnés en dommages-intérêts pour le préjudice causé par leurs refus. Il n'y a pas lieu à réparation du tort que l'on cause en exerçant son droit : l'art. 1382 du Code civil ne s'applique qu'au dommage provenant d'un fait illicite. Cette doctrine a été consacrée par deux ordonnances, l'une du 17 mars 1841, l'autre du 30 mars 1842 [1].

§ 3. *Contravention aux canons reçus en France.*

43. « Dans les premiers temps, dit Walter, la « discipline de l'Eglise ne reposait pas sur des « lois écrites, mais sur la tradition des préceptes « de ses fondateurs. Plus tard, la vie de l'Eglise « prenant plus de développement, il se tint plus « fréquemment des synodes dont les décrets con- « solidèrent ou modifièrent l'ordre établi. Parmi « les synodes dont les canons se sont conservés, « les plus importants sont ceux d'Ancyre et Néo- « césarée (314), Nicée (325), Antioche (332), « Sardique (344), Gangres (vers 365), Laodicée « (vers 372), Constantinople (381), Ephèse (431), « et Chalcédoine (451). Dans ce nombre il est « vrai ceux de Nicée, Constantinople, Ephèse et « Chalcédoine ont seuls autorité de conciles œcu-

---

[1] Affaires Loisel et Lallemand.

« méniques ou généraux. Néanmoins les canons
« des autres synodes ont été réunis dans les
« collections à ceux des quatre derniers et mis
« ainsi en circulation dans toute l'Eglise [1].
A mesure que l'Eglise étendit son empire, il
devint plus difficile de convoquer les évêques et
l'on vit se produire un fait dont l'histoire romaine
avait déjà donné un exemple; de la même manière
que la loi était passée des comices aux mains de
l'empereur, le pouvoir législatif fut transféré, au
moins de fait, du concile au pape. Les décrets du
Saint-Siége remplacèrent les décisions du concile
trop difficile à réunir et devinrent une des sources
les plus abondantes du droit canonique. Vers l'an
527, Dyonisius *exiguus* ou *le Petit* fit paraître une
traduction du *Corpus canonum*. Son recueil comprenait indépendamment des canons édictés par
les conciles tant grecs que latins, quelques décrétales et constitutions des papes, depuis Siricius
jusqu'à Hormisdas. Mais ce recueil fut bientôt
jugé insuffisant. D'abord il manquait de méthode
et il était impropre aux études classiques; d'un
autre côté, il ne tarda pas à être incomplet, de
nouvelles décisions venant grossir tous les
jours la législation canonique. Aussi des recueils
parurent-ils pour suppléer à ce double défaut. Le

---

[1] *Manuel de droit ecclésiastique*, p. 72, § 64.

plus remarquable et le plus connu est celui de Gratien, moine du couvent de Saint-Félix, appartenant à l'ordre des Camaldules; il fut composé vers le milieu du xiie siècle. C'est un véritable traité de droit canonique, où les lois se trouvent citées, non avec le désordre du recueil, mais à l'appui de propositions présentées méthodiquement. Cet ouvrage fut suivi, dès son apparition, dans l'enseignement des universités, et c'est ainsi que prit naissance une école nouvelle dont les disciples furent appelés tantôt *canonistes*, tantôt *décrétistes* ou *décrétalistes*. Néanmoins, malgré la grande diffusion dont le décret a joui, il n'a pas obtenu en France une autorité complète. « Quant au Code de Gratien, dit Févret, on ne « l'a reconnu que comme un ouvrage d'un parti- « culier, destitué même de la force et autorité « publique du Saint-Siége. On a examiné sa « doctrine et, remontant jusqu'aux sources des « actes des conciles, on a approuvé ce qu'il a « dit conformément aux canons et constitutions « pontificales approuvées et reçues, et rejeté ce « qu'il avait tronqué, détourné et innové [1]. »

44. Chaque jour amenant des difficultés nouvelles, des conciles généraux furent convoqués pour les résoudre; mais comme l'Orient s'était

---

[1] Févret, *Traité de l'abus*, t. 1, p. 32, 33 et 37.

détaché de l'unité de l'Église, les seuls évêques d'Occident y prirent part. Le concile se réunit à Latran une première fois à la suite de la querelle des investitures et trois autres fois dans les années 1139, 1179 et 1215. Ces réunions eurent pour cause des difficultés politiques, mais on en prit occasion pour résoudre des questions canoniques de la plus haute importance. C'est ce qui eut lieu également dans les deux conciles qui se tinrent à Lyon, le premier en 1245, le deuxième en 1274, et dans le concile réuni à Vienne en 1311. Ces décrets et les rescrits des papes se trouvant en dehors de l'ouvrage de Gratien reçurent pour ce motif le nom d'*Extravagantes* et leur multiplicité fit bientôt sentir la nécessité de nouveaux recueils. Il en parut alors de partiels qui furent bientôt en trop grand nombre : c'est pour remédier à cet inconvénient que Grégoire IX chargea Raymond de Pennaforte, auditeur de la *Rota* et pénitencier, de composer une nouvelle collection qui parut en 1275 et rendit les précédentes inutiles. La lettre d'envoi aux universités portait défense d'en composer une autre sans l'autorisation du Saint-Siége. Aussi les ouvrages qui parurent ensuite portent-ils en général le nom d'un pape. L'ouvrage de Grégoire IX était composé de cinq livres. Boniface VIII réunit en un seul trois recueils qui avaient été faits sous l'autorité de trois papes

ses prédécesseurs[1] et l'ajouta aux décrétales de Grégoire IX comme un sixième livre: c'est de là que lui est venu le nom de *Liber sextus*. Plus tard Clément V fit réunir les décrets du concile de Vienne et d'autres décrétales rendues par lui dans un recueil qui porte le nom d'*Extravagantes* et qui est aussi connu sous celui de *Clémenti- nes*. Jean XXII imita cet exemple et publia en 1317 ses propres décisions. Les collections qui parurent plus tard ne furent point composées sous l'approbation du Saint-Siége. Voici comment s'exprime Fevret sur l'autorité que ces travaux ont obtenue en France : Et à l'égard des décrétales
« de Grégoire IX, du sexte de Boniface VIII, et
« des extravagantes de Clément V et Jean XXII,
« comme il y a beaucoup de belles décisions et
« résolutions conformes aux sacrés conciles et
« décrets canoniques approuvés et reçus par
« l'Eglise Gallicane, on les a aussi approuvées et
« exécutées avec le respect dû au Saint-Siége.
« Mais quant aux constitutions décrétales qui
« heurtaient les droits de la temporalité, on
« les a constamment rejetées. »

44 *bis*. Le schisme d'Occident donna lieu vers le commencement du quinzième siècle à la convocation de plusieurs conciles généraux qui ne se

---

[1] INNOCENT IV, GRÉGOIRE X et NICOLAS III.

bornèrent pas à lever les difficultés politiques résultant de la situation, mais réglèrent en même temps des points assez nombreux de discipline ecclésiastique. Le concile de Constance tenu en 1414 rendit plusieurs décrets de réformation contre les abus, s'en remettant pour leur exécution à des conciles ultérieurs. En conséquence, Eugène IV convoqua en 1431 un nouveau synode à Bâle. Le dissentiment entre le pape et les évêques éclata dès la première séance et il fallut attendre la quinzième pour rétablir l'harmonie. Mais le discord ayant recommencé, le pape transféra la réunion de Bâle à Ferrare. C'est en 1438 que fut ouvert le concile de Ferrare ; il fut continué à Florence l'année suivante. Néanmoins une fraction du concile était restée à Bâle, où elle continuait ses délibérations et élisait un nouveau pape après avoir déposé Eugène IV. La dissolution de cette assemblée n'eut lieu qu'en 1443 ; elle s'opéra peu à peu et, pour ainsi dire, de guerre lasse. Sous Jules II un concile réuni à Pise essaya de renouveler le schisme, mais cette tentative fut comprimée par le cinquième concile de Latran, tenu en 1512.

45. La Réforme avait eu, sinon pour cause, au moins pour occasion, les abus qui s'étaient introduits dans la discipline ecclésiastique ; c'est pour porter remède à ce mal que fut convoqué le concile

de Trente de 1545, commencé sous le pontificat de
Paul III et terminé en 1563 sous celui de Pie IV.
Les décrets qui furent rendus par ce concile rela-
tivement à la discipline ont été reçus en France ;
mais il en est autrement de la partie qui est relative aux rapports de la puissance temporelle avec
l'Eglise ; les doctrines ultramontaines y étant consacrées, elle a été constamment repoussée.

45 *bis*. C'est ordinairement en matière de peines
ecclésiastiques que le conseil d'Etat est appelé
à faire application de ce cas d'abus. Aussi est-il
indispensable de placer ici quelques développements sur l'organisation du culte.

46. La France est divisée en 80 diocèses, dont
15 archevêchés et 65 évêchés. Chaque évêché re-
lève d'une métropole et chaque évêque est le suffragant d'un archevêque. C'est à celui-ci que
peuvent être déférées en appel les décisions et la
conduite des suffragants de son ressort. Au-dessous
des évêques, sont placés : 1° les curés pourvus de
titres inamovibles : d'après l'art. 60 de la loi
organique, il doit y en avoir au moins un par
canton ; 2° les vicaires, desservants ou succursalistes ; 3° les simples prêtres. Les archevêques et
évêques sont choisis par le chef du Gouvernement
et institués par le pape. Les curés sont nommés
par l'évêque et confirmés par le chef du pouvoir
exécutif. Les desservants ou succursalistes sont

nommés par les évêques sans l'intervention du Gouvernement. Les simples prêtres reçoivent, en vertu de leur ordination, le droit de célébrer la messe; c'est un droit inhérent à leur caractère qui ne constitue pas une délégation de la juridiction ecclésiastique, comme le droit de prêcher et de confesser. Ces deux dernières facultés leur sont conférées en même temps que le sacerdoce [1]; mais elles n'en sont pas une suite inévitable. Les archevêques, évêques et curés ne peuvent être dépouillés de leur titre qu'en vertu d'une déposition régulière. Les desservants sont révocables *ad nutum*, et leur révocation ne peut donner lieu ni au recours pour abus devant le conseil d'État, ni même à un appel devant l'autorité métropolitaine. Elle n'a pas besoin d'être motivée et elle peut être fondée sur toutes sortes de causes ou même sur aucune [2].

---

[1] FLEURY, *Institution au droit ecclésiastique*, t. I, p. 322 et 323, et DURAND DE MAILLANE, v° Prédication, t. IV, p. 76.—Je ne parle pas des diacres et autres clercs inférieurs ; car , je n'ai pas trouvé un seul exemple d'abus relevé par des clercs de ces degrés.

[2] « Les cures sont au nombre de 3,304, et les succursales au nombre de 27,451. Avant 1789, c'était « tout le contraire; il y avait 36,000 curés dont les « titres étaient inamovibles, et 2,500 annexes dont les « desservants étaient révocables. » (DUPIN, *Manuel*, p. 238.)

47. Pendant les huit premiers siècles, les évêques furent jugés par les conciles, et l'appel au pape ne fut pas admis, en règle générale, quoiqu'il ait été pratiqué dans certains cas exceptionnels.

48. Le recours au pape fut établi par le septième canon du concile de Sardique, vers l'an 347. Dès le IXe siècle, les *Fausses* décrétales changèrent sur ce point la discipline et transférèrent indirectement la juridiction au pape [1]. « Mais, en France, « dit Fleury, on soutient l'ancien droit, sui- « vant lequel les évêques ne doivent être jugés « que par les évêques de la province, assemblés en « concile, y appelant ceux des provinces voisines « jusqu'au nombre de douze, sauf l'appel au pape, « suivant le concile de Sardique [2]. » Il faut conclure de là que si, la déposition était prononcée par un

---

1 WALTER soutient, au contraire, que les *Fausses Décrétales* n'ont eu aucune influence sur la discipline ecclésiastique (*Manuel de droit ecclésiastique*, p. 116). Le changement auquel le texte fait allusion consiste en ce que les *Fausses Décrétales* permettaient à l'évêque accusé d'évoquer l'affaire en cour de Rome, lorsque le tribunal de ses pairs lui paraissait suspect de prévention. Cette faculté pouvait amener l'anéantissement de la juridiction. En fait, WALTER prétend qu'elle a été sans influence sur la discipline.

2 FLEURY, *Institutions au droit canonique*, t. II, p. 160.

nombre d'évêques inférieur à douze, il y aurait abus.

49. Les prêtres ne pouvaient, dès le principe, être déposés que par un concile composé de six évêques; mais à mesure que la réunion des conciles devint moins fréquente, cette pratique fut aussi plus difficile et les évêques ne tardèrent pas à s'attribuer le jugement des prêtres ; ils le déléguèrent à leurs officialités, et l'application des peines ecclésiastiques fut assimilée aux autres matières contentieuses [1]. Les officialités n'existent plus aujourd'hui ; c'est aux évêques seuls que la connaissance de ces procès appartient. Ils ont sans doute la faculté de prendre l'avis de l'officialité, et M. de Cormenin pense même qu'ils agiront sagement en ne prononçant leurs sentences que de cette manière [1], quoiqu'il n'y ait pas obligation. Quand les évêques prononcent une peine ecclésiastique, ils n'exercent pas une juridiction discrétionnaire, mais contentieuse. Aussi sont-ils astreints à remplir les formalités compatibles avec l'ordre de choses actuel et à mentionner dans leurs décisions les conditions substantielles des jugements. « Depuis la suppression des officialités, dit M. de Cormenin [2], il suffit que les formalités

[1] FLEURY *Instit.*, p. 175, et DURAND DE MAILLANE, *Dictionnaire canonique*, vᵒ Déposition, t. II, p. 118.
[2] *Droit administratif*, t. I, p. 240, note 2.

« substantielles, qui consistent dans une instruc-
« tion discrète et éclairée, dans la pleine liberté
« de la défense, et dans un jugement mûri, aient
« été observées. » Dans l'affaire *Chrétien*, le recours était fondé sur ce que le prévenu n'avait
pas reçu les trois monitions qui, d'après les anciennes règles, devaient être signifiées à huit jours
d'intervalle et laissées, la première, à personne,
les deux autres à domicile. Voici comment s'exprima sur ce point le maître des requêtes rapporteur : « L'Eglise, avait autrefois ses lois
« propres, ses tribunaux et les officiers de ses
« tribunaux. Elle avait ses promoteurs pour
« donner aux actes le caractère d'authenticité qui
« leur était nécessaire. Les officialités, l'ancienne
« juridiction ecclésiastique, les officiers de cette
« juridiction ont disparu; il est impossible d'exiger
« aujourd'hui des évêques les formalités aux-
« quelles ils étaient astreints dans l'administra-
« tion de leur justice. L'article 6 de la loi orga-
« nique' qui met au nombre des cas d'abus l'in-
« fraction des règles consacrées par les canons
« reçus en France, n'a jamais été et n'a pu être
« compris des règles de l'ancienne procédure ecclé-
« siastique. C'eût été la destruction de toute dis-
« cipline; car, il dépendra toujours d'un individu
« frappé par des peines disciplinaires de dire
« que les règles n'ont pas été observées, alors que

« l'observation de ces règles ne peut être judi-
« ciairement démontrée[1].

50. Une distinction doit être faite, en ce qui
concerne les curés. S'ils ne peuvent être déposés
qu'avec les formes dont il vient d'être parlé, l'é-
vêque a cependant le pouvoir discrétionnaire de
les remplacer pour cause d'infirmité ou de mauvaise conduite. Le suppléant reçoit, en ce cas, une
portion du traitement, dans la proportion déterminée par le décret du 7 novembre 1811. Aucun
recours n'est admis contre cette mesure, ni par voie
de recours pour abus, ni devant le métropolitain ;
car c'est une faculté mise à la disposition du supérieur ecclésiastique, qui est seul appréciateur
des besoins de l'administration paroissiale. [2]

---

[1] M. RAULIN. V. aussi VUILLEROY, *Culte catholique,*
v° Déposition, et DURAND DE MAILLANE, v° Censure,
t. 1, p. 450.

[2] Décret du 17 novembre 1811.—ART. 1er. Dans
le cas où un titulaire se trouverait éloigné temporaire-
ment de sa paroisse, un ecclésiastique sera nommé
provisoirement par l'évêque pour le remplacer, et cet
ecclésiastique recevra, outre le casuel auquel le desservant aurait eu droit, une indemnité.

2. Si le titulaire est éloigné pour cause de mauvaise
conduite, l'indemnité du remplaçant provisoire sera
prise sur le revenu du titulaire, soit en argent, soit en
biens-fonds.

3. Si le revenu est en argent, l'indemnité du remplaçant sera, savoir : dans une succursale de 250 fr.
par an, au prorata du temps de remplacement ; dans une

51. Lorsqu'une sentence de déposition est attaquée comme abusive, le conseil d'Etat n'apprécie que la régularité de la décision, l'observation des formes, et ne s'immisce jamais dans la connaissance du fond ; il ne pourrait le faire qu'en s'attribuant une partie de l'autorité spirituelle, et le conseil a toujours évité de se donner une intervention aussi difficile. Si la déclaration d'abus est prononcée,

---

cure de deuxième classe de 600 fr., et dans une cure de première classe de 1,000 fr. Cette indemnité sera prélevée au besoin, en totalité ou en partie, sur la pension ecclésiastique du titulaire.

4. Si le titulaire est doté partie en bien-fonds, par exception à la loi du 18 germinal an X, partie en supplément pécuniaire pour lui compléter un revenu de 500 fr., l'indemnité du remplaçant sera de 250 fr. à prendre d'abord sur le supplément pécuniaire, et, en cas d'insuffisance, sur les revenus en biens-fonds.

5. Si le titulaire ayant moins de 500 fr. de revenu en biens-fonds jouit d'une pension ecclésiastique au moyen de laquelle il n'a point à recevoir de supplément, l'indemnité de 250 francs du remplaçant sera d'abord prise sur la pension et au besoin sur les biens-fonds.

6. Si le titulaire jouit d'un revenu de 500 fr. entièrement en biens-fonds, l'indemnité du remplaçant sera de 250 fr. à prendre entièrement sur les revenus.

7. Si le revenu du titulaire en biens-fonds excède 500 fr., l'indemnité du remplaçant sera de 300 fr., lorsque le revenu sera de 500 fr. à 700 fr., et des deux tiers des revenus au-dessus de 700 fr.

8. Dans le cas d'absence pour cause de maladie, il sera consacré aux titulaires de succursales et de cures de deuxième classe, et, dans les cures dotées en biens-fonds, à tous les curés dont la dotation n'excéderait pas

quel en sera l'effet? Le titulaire reprendra-t-il l'exercice de ses fonctions en vertu de la permission du conseil d'Etat et malgré la déposition prononcée par l'évêque? C'est là une des questions les plus délicates que cette matière puisse soulever. Elle peut être également posée dans le cas où un simple prêtre a été interdit *à sacris* par une sentence irrégulière. Cependant ces questions ne doivent pas être confondues; elles ont des éléments de solution qui leur sont propres et qu'il importe de distinguer.

1,200 fr., un revenu jusqu'à concurrence de 700 fr.

9. Le surplus de l'indemnité du remplaçant, ou la totalité de l'indemnité, si le revenu n'est que de 700 fr., sera, comme le paiement des vicaires, à la charge de la fabrique de la paroisse, et, en cas d'insuffisance, du revenu de la fabrique, conformément au décret du 30 décembre 1809 concernant les fabriques.

10. Cette indemnité à la charge de la commune ou de la fabrique est fixée, dans les succursales, à 250 fr.; dans les cures de deuxième classe, à 400 fr.; dans les cures dont le revenu, soit entièrement en biens-fonds, soit avec un supplément pécuniaire, s'élève à 500 fr., à 250 fr.; lorsque le revenu s'élève de 500 fr. à 700 fr., à 300 fr.; de 700 fr. à 1,000, à 350 fr.; et de 1,000 fr. à 1,200, à 400 fr.

11. Lorsque le titulaire, absent pour cause de maladie, est curé de première classe, ou que le revenu de la cure en biens-fonds excède 1,200 fr., l'indemnité du remplaçant sera à sa charge. Cette indemnité est fixée, savoir : dans une cure de première classe à 700 fr.; dans les cures dont la dotation en biens-fonds s'élève

52. Si la sentence de déposition est déclarée abusive, elle devrait, dans la rigueur du droit, être mise à néant; le titulaire reprendrait ses fonctions comme si sa position était entière. Mais cette solution aurait pour effet de mêler indirectement le pouvoir temporel à l'action de l'autorité ecclésiastique. Aussi, a-t-on admis que la sentence, quoique frappée d'une déclaration d'abus, conservera tous ses effets au point de vue spirituel, mais qu'elle n'en pourra produire aucun dans le domaine temporel. Ainsi cette sentence ne serait pas susceptible, tant qu'elle n'au-

---

plus haut que 1,200 fr. jusqu'à 1,500 fr., à 800 fr.; et au-dessus de 2,000 fr., à 1,000 fr.

12. L'absence d'un titulaire pour cause de maladie sera constatée au moyen d'un acte de notoriété dressé par le maire de la commune où est située la paroisse.

13. Quelle que soit la cause de l'éloignement du titulaire, lorsque l'indemnité du remplaçant dans les cures dotées entièrement en biens-fonds doit être fixée d'après le produit des revenus fonciers, le montant de ce produit sera évalué au moyen d'un acte de notoriété semblable.

14. Toutes les fois que dans les cures dotées en biens-fonds, par une dérogation autorisée par nous à la loi du 18 germinal an X, l'indemnité du remplaçant étant à la charge du titulaire, une partie de la totalité doit en être imputée sur les revenus de la cure, le remplaçant sera créancier privilégié du titulaire et sur ses revenus, de la somme qui lui en revient.

15. Lorsqu'un curé ou desservant sera devenu, par son âge ou ses infirmités, dans l'impuissance de remplir seul ses fonctions, il pourra demander un vicaire

rait pas été renouvelée en la forme régulière, d'être confirmée par le chef du pouvoir exécutif et le titulaire demeurerait en jouissance de son traitement.

53. Que faudrait-il décider, si le chef du pouvoir exécutif, méconnaissant ces principes, confirmait la déposition nonobstant la déclaration d'abus? Il y aurait dans cet acte un excès de pouvoir caractérisé, et par conséquent le pourvoi devant la section du contentieux serait ouvert au titulaire contre le décret confirmatif; car cet acte aurait eu pour résultat de faire produire ses effets civils à une sentence qui, étant déclarée abusive, n'en pouvait plus produire aucun, au point de vue temporel.

54. Mais le recours par la voie contentieuse ne serait pas recevable contre le décret qui aurait confirmé une sentence de déposition, quelque irrégulière qu'elle fût, si elle n'avait pas été déclarée abusive. Car le chef du pouvoir exécutif, quand il accorde à la déposition ses effets civils, n'a pas à examiner si elle est régulière ou non; il se borne à déclarer qu'aucun intérêt administratif ou politique ne s'oppose à ce que la sentence épiscopale produise ses effets temporels; le recours pour abus et le pourvoi devant le métropolitain

qui soit à la charge de la fabrique, et, en cas d'insuffisance de son revenu, à la charge des habitants, avec le traitement tel qu'il est réglé par l'art. 10 du décret du 30 décembre 1809.

sont les seuls moyens à employer pour en faire prononcer l'irrégularité. C'est ainsi que la question a été décidée par la section du contentieux dans une ordonnance du 29 mars 1851. Voici les faits. Le sieur Audierne, chanoine à Périgueux, avait été déposé par sentence épiscopale en date du 18 octobre 1849, approuvée le 4 février 1850 par décret du Président de la République. Il se pourvut d'abord par appel comme d'abus contre la sentence épiscopale; mais un décret du 6 août 1850 rejeta son recours par une fin de non-recevoir tirée de ce que l'appelant ne s'était pas pourvu devant le métropolitain. Alors le sieur Audierne attaqua au contentieux le décret du Président de la République comme entaché d'excès de pouvoir, en ce qu'il avait confirmé une sentence irrégulière. Mais ce nouveau recours fut repoussé par l'ordonnance précitée dont voici les considérants :

« Considérant que le décret du 4 février 1850 n'a
« fait que rendre exécutoire, quant à ses effets ci-
« vils, la sentence prononcée le 18 octobre 1849 par
« l'évêque de Périgueux contre le sieur Audierne ;
« que ledit décret ne fait point obstacle au pourvoi
« que le requérant, s'il s'y croyait recevable et
« fondé, pourrait former contre ladite ordonnance
« devant l'autorité métropolitaine, qu'ainsi il ne
« contient aucun excès de pouvoir, et qu'il n'est,
« dès lors, pas susceptible d'être attaqué par la

7.

« voie contentieuse. » Ces considérants sont la re-production de ceux qui se trouvent dans une or-donnance rendue au contentieux le 4 février 1857, et portant rejet de la requête du sieur *Isnard*.

55. Mais le recours pour abus est-il recevable dans le cas où la sentence a déjà été approuvée par le chef du pouvoir exécutif? J'ai entendu sou-lever cette question dans une discussion récente. Quelques-uns objectaient qu'une déclaration d'a-bus ne saurait avoir aucun effet ; qu'elle ne dé-truirait pas la déposition dans ses résultats au point de vue spirituel; qu'il en serait de même au point de vue temporel, puisque le décret du chef du pouvoir exécutif ne peut tomber que devant un arrêt de la section du contentieux, et que le re-cours pour abus ne saurait être employé contre un acte de l'autorité temporelle. Selon eux, dé-clarer l'abus dans ces circonstances, c'était frapper sans atteindre et jeter une condamnation dans le vide. Tout effet n'était pas anéanti cependant; car la déclaration d'abus conservait toujours sa force disciplinaire et l'influence morale qui s'attache au blâme d'un corps considérable. Il lui restait une efficacité préventive pour l'avenir, et elle était une garantie pour que les sentences fussent dans la suite rendues régulièrement. Néanmoins les considérations dont je viens de parler étaient fort graves, et elles déterminèrent le conseil

à envoyer au ministre un avis ainsi conçu :

« Le conseil d'Etat, qui, sur le rapport du co-
« mité de l'intérieur, a pris connaissance d'un
« projet de décret ayant pour objet de rejeter le
« recours pour abus formé par le sieur Begoule
« contre une ordonnance de l'évêque d'Agen, qui
« l'a destitué de son titre curial de Monflanquin;

« Considérant que dans l'affaire qui fait l'objet
« du présent projet de décret, ainsi que dans les
« affaires du même genre dont le conseil a été
« récemment saisi et notamment dans celles des
« sieurs Piveteau et Audierne, les décisions épisco-
« pales attaquées ont été approuvées par le Prési-
« dent de la République avant que les recours
« aient été formés; que la marche suivie dans
« ces affaires pourrait rendre illusoire le droit de
« recours comme d'abus; qu'en effet l'appro-
« bation donnée à la décision épiscopale permet
« de nommer un nouveau titulaire, qui par le
« fait même de sa nomination se trouve lui-même
« revêtu d'un titre inamovible; que dès lors, le
« titulaire dépossédé ne pourrait être remis en
« possession, alors même que son recours serait
« admis; que d'un autre côté, le recours dirigé
« contre la décision du pouvoir ecclésiastique par
« la voie d'appel comme d'abus aurait implici-
« tement pour effet d'atteindre l'acte confirmatif
« émané du chef du Gouvernement; que déjà, en

« 1844, le comité de l'intérieur, dans un avis en
« date du 30 juillet, avait signalé ces inconvé-
« nients et indiqué la nécessité de fixer un délai
« dans lequel le titulaire dépossédé aurait la
« faculté de se pourvoir et pendant lequel il
« conviendrait d'ajourner la mesure que le Gou-
« vernement croirait devoir prendre au sujet de
« la décision attaquée ; qu'aujourd'hui les délais
« consacrés par les anciens usages sont observés
« pour l'appel de la décision épiscopale devant le
« métropolitain ; que si ces mêmes délais étaient
« suivis pour le recours à exercer devant le con-
« seil d'Etat, les inconvénients ci-dessus signalés
« seraient évités ; qu'il suffirait de n'approuver
« la déposition d'un titulaire ecclésiastique qu'a-
« près s'être assuré : 1° que la décision métro-
« politaine lui a été régulièrement notifiée; 2° que
« le délai du recours est expiré sans que le recours
« ait été formé, ou, dans le cas contraire, que le
« recours a été rejeté;

« Est d'avis :

« Qu'il y a lieu, tout en adoptant le projet de
« décret ci-joint, d'appeler l'attention de M. le
« ministre de l'instruction publique et des cultes
« sur les observations qui précèdent. » Cet avis
est à la date du 19 juin 1851.

56. Lorsque c'est un simple prêtre qui est interdit *à sacris*, sans l'observation des formes cano-

niques, le recours pour abus nous paraît encore être recevable ; mais la déclaration faite par le conseil d'Etat serait loin d'avoir des effets aussi étendus que dans le cas où il s'agit d'un titulaire. Car elle ne conservera pas au prêtre les avantages temporels d'aucun titre, puisqu'il n'en est point pourvu ; d'un autre côté, elle ne donnera pas à l'ecclésiastique interdit le droit de célébrer la messe : ce serait une immixtion dans l'administration spirituelle et le lien de la discipline en éprouverait une atteinte considérable. Mais, objectera-t-on, si elle ne produit d'effet ni au point de vue temporel ni au point de vue spirituel, quelle efficacité lui restera-t-il ? La déclaration d'abus est avant tout une peine disciplinaire ; son effet est principalement un effet moral, et c'est à tort qu'elle a été appelée *Inane fulmen* [1], parce qu'elle ne produit pas toujours des conséquences matérielles. Un blâme ne saurait être une pénalité frivole quand il tombe sur des hommes qui occupent une position élevée et qu'il est infligé par un corps considéré. L'évêque qui l'aura encourue se montrera plus circonspect dans la suite et de-

---

[1] CARTERET, *Encyclopédie du droit*, v° Appel comme d'abus. Cette expression pourrait également s'appliquer à la réprimande prononcée par un conseil de l'ordre des avocats. Contestera-t-on que cette réprimande est très-redoutée ?

viendra plus fidèle observateur des formalités [1].
On trouve dans plusieurs ordonnances des considérants desquels il résulte que l'abus serait prononcé dans le cas où la sentence d'interdit ne contiendrait pas les formalités substantielles. Ainsi, dans l'ordonnance du 23 avril 1837, un considérant porte : « Considérant qu'il résulte des « pièces ci-dessus visées que toutes les formalités « substantielles ont été remplies et que lesdites « décisions ne présentent aucun des cas d'abus

---

1 « *Quid*, dit M. DE CORMENIN, s'il y avait inter-
« diction *à sacris* arbitraire et sans motifs, et déni
« de justice de la part du métropolitain ?—Où le re-
« cours?—On peut dire, pour défendre l'attribution du
« conseil d'Etat, que le roi est l'évêque du dehors et
« le protecteur des saints canons ; que l'infraction des
« règles consacrées par les canons reçus en France
« constitue, aux termes de la loi de l'an x, un cas
« d'abus, et que les cas d'abus sont du ressort du
« conseil d'Etat ; que les recours contre les supérieurs
« ecclésiastiques de la part de leurs inférieurs, auto-
« risés par le même acte, ne peuvent avoir d'autre
« objet que des destitutions, des suspenses et inter-
« dits ; que la milice inférieure du clergé ne peut rester
« livrée sans défense aux excès de pouvoir, usurpa-
« tions et fantaisies des évêques ; que les évêques
« eux-mêmes seraient exposés aux entreprises abusives
« du métropolitain ; que c'est dans ce sens qu'ont
« statué les ordonnances des 22 février et 23 avril
« 1837. Cette solution n'est pas toutefois sans diffi-
« culté. En effet, les canons étaient jadis appliqués par
« les officialités, et il n'y a plus d'officialité ; en
« admettant que l'évêque, seul juge, fût tenu d'ob-

« prévus par l'article 6 de la loi du 18 germinal
« an x [1]. » De même, on lit dans l'ordonnance
du 23 juillet 1840 : « Considérant qu'il résulte
« de l'instruction que la décision de l'évêque de
« Séez, du 16 février 1837, qui interdit le sieur
« Chrétien, curé de Nocé, n'a été prononcée qu'a-
« près l'accomplissement des formalités sub-
« stantielles [2]. » Il est permis de conclure impli-
citement de ces termes, que l'abus aurait été
déclaré si les formalités substantielles n'avaient
pas été observées.

« server ces formalités, est-ce toutes ? est-ce quelques-
« unes seulement, et lesquelles ?—Le conseil d'État ne
« serait-il compétent tout au plus que pour statuer,
« comme la Cour de cassation, sur l'inobservation des
« formes ? Mais comment pourrait-il, dans sa compo-
« sition actuelle, statuer rationnellement sur l'appli-
« cation d'une peine canonique ? Le prince est le pro-
« tecteur des saints canons, en est-il le juge ?—
« L'Église qui les a faits ne doit-elle pas les inter-
« préter ?—Quelle serait d'ailleurs la sanction de l'or-
« donnance royale ?—Rétablirait-elle le prêtre dans
« l'exercice de ses pouvoirs spirituels ? Auquel des
« deux évêques, de l'évêque du conseil d'État ou de
« l'évêque du diocèse, devra-t-il se conformer ?—Dira-
« t-il la messe parce que le conseil d'État le lui aura
« permis ? ne la dira-t-il pas parce que son évêque le
« lui aura défendu ?—Y aura-t-il autel contre autel
« dans la même église. » (*Droit administratif*, t. II,
appendice, p. 7.)

[1] Affaire *Boyer*, curé de Trœtz, contre l'archevêque
d'Aix.

[2] Affaire *Chrétien* contre l'archevêque de Rouen.

57. L'inamovibilité des titulaires ne survit pas à leur titre, et aucune réclamation n'est admise contre la suppression régulièrement faite d'une cure. Cette quession s'est présentée plusieurs fois au sujet de la réunion des cures aux chapitres des cathédrales. La division d'attributions entre la cure et le chapitre amène ordinairement des conflits qui ne peuvent que nuire à l'administration paroissiale : c'est pour les faire cesser que l'on a pris le parti de supprimer la cure et de nommer un chanoine de plus dans la plupart des diocèses. L'évêque choisit dans le corps des chanoines un archiprêtre qui fait les fonctions de curé pour le chapitre, considéré comme titulaire collectif. Ordinairement le curé qui est dépossédé par cette mesure est appelé au canonicat créé pour remplacer le titre supprimé et chargé des fonctions d'archiprêtre ; mais si cette compensation ne lui était pas accordée, aucun recours ne lui serait ouvert. De même dans toutes les ordonnances portant réunion de la cure au chapitre, une disposition spéciale stipule que l'archiprêtre, irrévocable comme chanoine, demeurera révocable au gré de l'évêque en sa qualité d'archiprêtre. Cette clause est nécessaire à l'effet de la mesure ; car, si l'archiprêtre était inamovible, les mêmes conflits ne tarderaient pas à naître, et toute l'efficacité de la mesure disparaîtrait. Dans une des dernières affaires de cette nature qui ont

été soumises au conseil d'État, quelques hésitations se manifestèrent au sein du comité de l'intérieur. On se demandait s'il était possible de donner à l'archiprêtre un caractère amovible, tandis que le curé qu'il remplaçait avait une qualité irrévocable ; mais elles cessèrent bientôt devant la considération que je viens d'indiquer [1]. Néanmoins ces principes ont été contestés, et l'on trouve dans les précédents du conseil des recours pour abus où on en invoquait de contraires.

58. Voici comment est motivée une ordonnance en date du 14 juillet 1824 : « Considérant que « s'il est hors de doute qu'un curé ne peut être « privé de ses fonctions et de son titre que par « une sentence de déposition rendue suivant les « formes canoniques et confirmée par nous, l'ina- « movibilité du titulaire n'emporte pas la perpé- « tuité de l'office, et qu'il est également hors de « doute qu'une cure peut être supprimée par son « union à une autre cure ou à tout autre établis- « sement ecclésiastique dans les formes prescri- « tes par les lois, lorsque l'utilité des fidèles et « les nécessités du service religieux le comman- « dent ; considérant dans l'espèce que la cure de « Notre-Dame de Chartres a été unie par l'évêque « du diocèse avec notre approbation au chapitre

---

[1] Affaire de la *cathédrale d'Auch*, à mon rapport.

« cathédral ; qu'une union semblable n'a jamais
« été considérée comme abusive, lorsqu'elle était
« justifiée par les circonstances, ainsi qu'il ré-
« sulte de l'ancienne jurisprudence de nos cours ;
« que cette réunion est devenue indispensable à
« cause de la destruction d'un grand nombre d'é-
« glises, qui a nécessité dans presque tous les
« diocèses l'établissement simultané dans la
« même église d'un chapitre cathédral et d'une
« paroisse, ainsi que le prouvent plusieurs dé-
« crets rendus successivement, lesdits décrets et
« ordonnances portant approbation de trente-
« trois unions de cette nature, opérées par
« trente-trois évêques de notre royaume, dans
« leurs diocèses respectifs ; considérant que si les
« canons ont prescrit aux chapitres-cures de
« faire exercer les fonctions curiales, en leur
« acquit, par des vicaires perpétuels, c'est tou-
« jours sous la condition que les évêques ne
« jugeront pas, pour quelque raison particulière
« tirée de la bonne administration, *bono ecclesia-*
« *rum regimine*, que le contraire doit être plus
« avantageux. »

59. Le sieur Savin, archiprêtre du chapitre
cathédral de Viviers, fut révoqué par ordonnance
épiscopale du 8 décembre 1844. Il appela comme
d'abus, en se fondant sur ce que sa qualité avait
été constituée par le concours du pouvoir temporel

et du pouvoir spirituel, que dès-lors il ne pouvait appartenir au pouvoir ecclésiastique seul de l'en dépouiller sans l'adhésion du Gouvernement. Il rappelait les dispositions des canons qui prescrivent aux chapitres de confier les fonctions curiales à des vicaires perpétuels, et soutenait que des ordonnances épiscopales, quoique approuvées par le pouvoir exécutif, n'avaient pu abroger les règles canoniques. Mais ce recours fut rejeté par ordonnance du 24 juillet 1845, où se trouvaient consacrés les mêmes principes que dans la décision de 1824.

60. Après le décès d'un évêque, l'administration du diocèse est confiée à des vicaires généraux, nommés par le chapitre et appelés, pour cette raison, *capitulaires*. Le choix fait par les chanoines doit être agréé par le chef du pouvoir exécutif[1]. C'est à ces vicaires généraux, pris collectivement, que la juridiction ecclésiastique appartient. Une disposition qui serait prononcée par l'un d'eux serait irrégulière et abusive; il en serait ainsi,

---

[1] Décret du 26 février 1810, art. 6. « En consé- « quence, il sera pourvu pendant la vacance des « siéges, conformément aux lois canoniques, au gou- « vernement des diocèses.—Les chapitres présente- « ront à notre ministre des cultes les vicaires géné- « raux qu'ils auront nommés, pour leur nomination « être reconnue par nous. »

quand même il se serait donné le titre d'official, cette qualité n'ayant aucune valeur légale. Serait également abusive la décision prise par les anciens vicaires généraux que l'évêque décédé avait nommés; car leurs pouvoirs qui survivaient à l'évêque d'après la loi organique s'éteignent à sa mort depuis le décret du 26 février 1810, art. 6. Cette disposition n'est qu'un retour aux règles admises par le droit canon.

64. On s'est demandé si le recours pour abus serait admissible contre une sentence qui aurait prononcé des peines plus fortes que les canons ne le permettaient? Une distinction est nécessaire. S'agit-il de peines touchant à la discipline extérieure de l'Eglise, le recours est recevable. Ainsi, la sentence qui appliquerait la déposition dans les cas où les canons ne la prononcent point pourrait être frappée d'abus puisqu'elle pourrait l'être pour un simple défaut de forme. Au contraire, s'il s'agit de peines purement spirituelles, comme une *pénitence*, une *retraite*, l'appel devrait être rejeté; car il s'agirait d'un fait intéressant le for intérieur d'une manière exclusive et dont le conseil d'Etat ne pourrait se constituer le juge qu'en mettant le pied dans le domaine de l'autorité spirituelle [1].

---

[1] « Une sentence rendue dans le cercle des choses
« purement spirituelles n'a trait qu'à la règle intérieure

§ 4. *Attentat aux libertés, franchises et coutumes de l'Église Gallicane.*

62. « Les doctrines ultramontaines que nous
« repoussons en France, dit Fleury, sont les
« suivantes : 1° la puissance temporelle est subor-
« donnée à la spirituelle, en sorte que les rois et
« souverains sont soumis, au moins indirecte-
« ment, au jugement de l'Eglise, en ce qui con-
« cerne leur souveraineté, et peuvent en être
« privés s'ils s'en rendent indignes ; 2° toute
« l'autorité ecclésiastique réside principalement
« dans le pape qui en est la source ; en sorte que
« lui seul tient immédiatement son pouvoir de
« Dieu, les évêques le tiennent de lui et ne sont

« de la religion. Elle n'affecte en rien le citoyen, et ne
« s'adresse qu'à l'homme religieux. Le conseil d'État
« n'en pourrait donc connaître qu'à titre de régula-
« teur de l'autorité spirituelle, de conservateur de la
« règle religieuse..... Or, le législateur, quand il s'est
« agi d'organiser les principes posés dans le con-
« cordat, a-t-il conçu et pouvait-t-il concevoir une
« pareille pensée ?—N'est-ce pas un principe autant
« qu'un fait que le conseil ne réprime l'autorité spi-
« rituelle que dans ses atteintes aux droits et aux inté-
« rêts garantis aux citoyens par la loi civile ? »
(DUFOUR, *Traité de droit administratif,* t. II, p. 507
et 508.)

8.

« que ses vicaires ; c'est lui qui donne l'autorité
« même aux conciles universels ; lui seul a droit
« de décider les questions de foi, et tous les fidèles
« doivent se soumettre aveuglément à ses déci-
« sions, parce qu'elles sont infaillibles ; il peut
« lui seul faire telles lois ecclésiastiques qu'il lui
« plaît, et dispenser, même sans cause, de toute
« celles qui sont faites[1]. Il ne rend compte de sa
« conduite qu'à Dieu ; il juge tous les autres et
« n'est jugé par personne[2]. »

63. Ces maximes étaient inconnues des premiers
chrétiens. Faible et persécutée, l'Eglise ne songea
d'abord qu'à assurer son existence. Plus tard,
quand les princes protégèrent sa foi, elle laissa
son libre cours à leur action bienfaisante, sans
réclamer contre leur intervention dans les affaires
ecclésiastiques. Ainsi, après la conversion de
Constantin, l'empereur abdiqua son titre de pontife
païen, mais il acquit sur l'Eglise un droit de
direction qui le fit appeler plus tard *évêque du
dehors*. La nomination des papes était soumise à

---

[1] Ce point n'est pas admis d'une manière aussi
absolue par tous les ultramontains. Il y en a qui pensent qu'il est lié par les décisions d'un conseil œcu-
menique quand elles ont été approuvées.

[2] FLEURY, *Discours sur les libertés de l'Église
Gallicane*, p. 23, 24 et 25.

sa ratification, et les empereurs se conservèrent dans l'exercice de ce droit jusqu'au moment où éclata dans le moyen-âge la querelle du sacerdoce et de l'empire. On trouve dans les capitulaires plus d'une disposition réglementaire de la discipline ecclésiastique. Mais l'intervention des empereurs ne tarda pas à dégénérer ; elle devint bientôt une usurpation sans mesure dans les Etats de l'Orient [1].

64. A l'égard des évêques, la suprématie de Rome n'était pas mieux établie qu'à l'égard des rois. Les papes étaient quelquefois condamnés par les évêques. Ainsi Honorius 1er fut anathématisé par le sixième concile général. Les sentences rendues par le pape n'étaient pas toujours définitives, et on peut citer des exemples de condamnations qui ont dû être confirmées par le concile. C'est ce qui arriva dans l'affaire de Dioscore, qui malgré la condamnation de saint Léon ne fut déposé qu'après une seconde décision rendue par le concile de Chalcédoine [2].

---

[1] WALTER, *Manuel de droit ecclésiastique*, p. 48 et 49, § 42. « Egarés par cette idée, et surtout par « l'avidité de l'esprit de domination, les empereurs « d'Orient pénétrèrent toujours plus avant dans la « législation et le gouvernement de l'Eglise. »

[2] Voir sur ces détails un article publié par M. GIRAUD

65. Dès le neuvième siècle, les *Fausses Dé-crétales* parurent et, d'abord, elles furent accep-tées comme méritant toute autorité. Le faux ne fut découvert qu'au xve siècle et reconnu comme certain que dès le xvi[e][1]. On a discuté sur le point de savoir si les *Fausses Décrétales* exercèrent quelque influence sur le régime de la discipline ecclésiastique. D'après les uns, elles n'eurent aucune influence et elles ne firent que consa-crer des maximes déjà connues. Selon tous les savants de l'école française, au contraire, elles auraient eu pour résultat de changer essentiellement la discipline au détriment des évêques et de la puissance temporelle[2]. Il se peut que les maximes que consacraient les Décrétales fussent connues; mais il n'en est pas moins vrai qu'elles trouvèrent dans ce recueil un appui, une consécration nouvelle et qu'elles profitèrent pour se propager du retentissement de ce livre. Il est vrai que déjà du vi[e] au viiie siècle les métropolitains avaient perdu peu à peu leur autorité et que les évêques cherchèrent à se

---

dans la *Revue de législation*, 1845, t. II, p. 351-353. —Voir aussi DE LA LUZERNE, *Déclaration de 1682*, p. 19-38.—ÉDOUARD LABOULAYE, *Revue de législa-tion*, 1845. *Sur l'Église Gallicane.*

[1] WALTER, p. 106, § 90.

[2] WALTER, p. 111, § 92.

placer sous la surveillance lointaine du pape. Aussi quand les *Décrétales* parurent, quelques doutes ayant été élevés sur leur authenticité, les évêques furent-ils les premiers à la soutenir.

66. La doctrine de la suprématie romaine passa des *Décrétales* dans l'ouvrage du moine Gratien. Ce recueil ayant été adopté dans les universités, la doctrine se propagea dans l'enseignement et s'empara des jeunes générations. Elle devint bientôt le fondement de la politique pontificale. La papauté n'avait d'abord paru dans les mouvements des peuples qu'avec le caractère d'une puissance accessoire, jetant dans la balance le poids de son empire sur les esprits en disant, comme plus tard un roi d'Angleterre : « *Qui je défends est maître.* » Mais Charlemagne en agrandissant son patrimoine changea la nature de son influence. Elle ne tarda pas à paraître dans la politique européenne comme une puissance principale, ayant au service de projets grandioses des armes d'un effet terrible sur les consciences religieuses de cette époque.

67. Grégoire VII soutint que tous les royaumes dépendaient de l'Eglise romaine et que les princes excommuniés pouvaient être déposés. Cette doctrine fut érigée par Boniface VIII, dans la bulle *Unam sanctam*, en dogme qu'il fallait croire sous peine de salut :

« Oportet autem (y est-il dit) gladium esse sub
« gladio et temporalem auctoritatem spirituali
« subjici potestati........ Porrò subesse romano
« pontifici omnem creaturam humanam, decla-
« mus, dicimus et pronuntiamus. »

Cette doctrine ne fut pas reçue en France; personne n'ignore la lutte qui s'établit entre Philippe-le-Bel et le pape, ni le triste dénoûment
qui la termina. La résistance continua sous les
successeurs de Philippe-le-Bel et principalement
sous saint Louis. En 1228, ce roi rendit une
ordonnance relative aux églises du Languedoc qui
venait d'être réuni à la couronne, et il y disposa
que ces églises jouiraient des priviléges et immunités de *l'Église Gallicane*. C'est au mois de
mai 1268 que l'on reporte la date de la *pragmatique-sanction*, dont il passe pour être l'auteur.
Mais des doutes ont été élevés sur l'authenticité
de ce monument, malgré des témoignages nombreux[1]. Elle ne contient que six articles d'une
précision remarquable :

« ART. 1er Les églises de notre royaume, les

____

[1] LAFERRIÈRE, t. 1, p. 264. « Au mois de mai
« 1268, dit M. BEUGNOT, Louis IX réunit ses barons;
« et, après une longue discussion, fut rendue l'ordon-
« nance connue sous le nom de *pragmatique-sanc-
« tion*, pierre angulaire sur laquelle a été élevé l'édi-
« fice de notre Église, acte qui, depuis, a été imité,

« prélats, les patrons et les collateurs de bénéfices
« jouiront pleinement de leurs droits, et à chacun
« sera conservée sa juridiction.

« 2. Les églises cathédrales et autres de notre
« royaume auront liberté des élections et en joui-
« ront intégralement.

« 3. Nous voulons et ordonnons que la simo-
« nie, cette peste criminelle qui souille l'Eglise,
« soit entièrement bannie de notre royaume.

« 5. Nous ne voulons aucunement qu'on lève
« ou qu'on recueille les exactions pécuniaires
« et charges très-pesantes que la cour de Rome
« a imposées ou pourrait imposer à l'Eglise de
« France et par lesquelles notre royaume est
« misérablement appauvri, si ce n'est pour cause
« raisonnable, pieuse et très-urgente, ou pour une
« inévitable nécessité et du consentement libre et
« exprès de nous et de l'Eglise de notre royaume.

« 6. Nous renouvelons et approuvons les
« libertés, franchises, immunités, prérogatives,
« droits et priviléges accordés par les rois nos
« illustres prédécesseurs et successivement par
« nous aux églises, aux monastères et autres lieux

« copié même, mais qui est demeuré bien en avant
« de tous les autres par sa sagesse et sa préci-
« sion. » (*Essai sur les institutions de saint Louis,*
p. 183.)

« religieux, aussi bien qu'aux personnes ecclé-
« siastiques de notre royaume. »

68. Au milieu des démêlés du pape Eugène IV
et du concile assemblé à Bâle, Charles VII réunit
à Bourges le clergé français pour délibérer sur
les affaires de la religion, en l'année 1438. De
ces délibérations sortit une *pragmatique-sanction*
nouvelle, composée de 23 articles. Le principe de
la suprématie du concile général y était consacré à l'égard de toute puissance spirituelle, *etiamsi
papalis existat*[1]. Les évêques acceptèrent plusieurs décrets du concile de Bâle; entre autres, celui
qui était relatif aux élections et d'après lequel la
nomination aux siéges vacants devait être faite :
« *Per electiones et confirmationes canonicas, se-*

---

[1] « Frequens generalium conciliorum celebratio,
« agri dominici præcipua cultura est, quæ vepres,
« spinas et tribulos hæresum errorum et schismatum
« extirpat, excessus corrigit et vineam Domini ad fru-
« gem uberrimæ fertilitatis adducit. » (*Decretum de cele-
bratione concilii*, ISAMBERT et DECRUSY, t. IX, p. 14.)

« Et primò declarat quod ipsa synodus in Spiritu
« Sancto legitimè congregata, generale concilium
« faciens et ecclesiam militantem representans, *potes-
« tatem à christo habet immediatè;* cui quilibet
« cujuscumque statûs, conditionis, vel dignitatis,
« *etiamsi papalis existat*, obedire tenetur in his quæ
« pertinent ad fidem et extirpationem dicti schismatis,
« et generalem reformationem ecclesiæ in capite et
« membris. » (*Decretum de auctoritate consilii Basi-
liensis, ibid.*, p. 15 et 16.)

« *cundùm juris communis dispositionem.* »Mais ce qui fut surtont odieux à la cour de Rome, c'est l'abolition du tribut qu'elle prélevait sous le nom d'*annates* sur les premiers fruits des bénéfices. Cette prohibition était tellement absolue que le décret de *annatis* déclarait coupables de simonie ceux qui consentaient à payer de pareils droits.

69. Sylvius OEneas Piccolomini, qui plus tard devint pape sous le nom de Pie II, assistait au concile de Bâle, et s'associa à ses décisions. Mais la tiare changea ses doctrines, et le pape Pie II, en rejetant les décrets du concile de Constance, répudia les idées que Sylvius OEneas avait défendues. Il fit des efforts auprès de Charles VII pour obtenir la révocation de la *pragmatique-sanction;* mais les tentatives furent inutiles. Ce que Charles VII avait refusé, Louis XI l'accorda dans le but de rendre le pape favorable aux prétentions de la maison d'Anjou sur le royaume de Naples. En conséquence, une déclaration annula cette pragmatique comme faite *par des prélats inférieurs dans un temps de division et de schisme.* Rome manifesta sa joie d'une manière bruyante qui n'était pas propre à prévenir les mécontentements. Le parlement fit des remontrances au roi, et l'Université appel au futur concile. Sur la proposition du procureur-général Saint-Romain, l'enregistrement fut refusé, et ainsi la révocation demeura

9

presque inexécutée. Cette résistance fut plus tard encouragée par le roi, dont le Saint-Siége n'avait pas servi les vues politiques; néanmoins, dans plusieurs circonstances, les nominations se firent sans élections, et la pragmatique fut tantôt suivie tantôt inappliquée. C'est pour faire cesser cette indécision, que les États, assemblés à Tours en 1484, demandèrent le rétablissement de l'ancien ordre de choses. Ces réclamations malgré l'appui que leur prêta le parlement furent sans effet, et c'est seulement sous le règne de Louis XII que l'on rétablit les élections. Le cinquième concile de Latran, réuni par le pape Jules II, répondit au rétablissement de la pragmatique par un monitoire qui enjoignait aux fauteurs de ce décret, *rois ou autres*, de comparaître devant le concile dans le délai de soixante jours pour dire les motifs qui les portaient à le défendre. Quand Jules II fut surpris par la mort, il avait déjà préparé une bulle qui dépouillait Louis XII du titre de roi *très-chrétien*. Léon X, qui lui succéda, était d'un caractère plus accommodant. Une entrevue eut lieu à Boulogne entre ce pape et François Ier, qui *vécurent dans une entière familiarité*[1]. Avant de se séparer, ils laissèrent des mandataires munis de pleins pouvoirs

---

[1] DE SISMONDI, *Histoire des Français*, t. VII;

pour terminer ce différend ; c'étaient, du côté du pape, les cardinaux d'Ancône et de Santi-Quatro, et pour le roi, le chancelier Duprat. Les conditions du traité ne tardèrent pas à être fixées, et le concordat fut conclu en 1516.

70. La rubrique première de cette convention était relative aux élections, mais elle ne s'en occupait que pour les supprimer et y substituer la nomination par le roi avec la confirmation par le pape[1]. Les autres rubriques réglementaient des

---

HALLAM, *Europe au moyen-âge*, t. II, p. 413 ; AUDIN, *Vie de Léon X*, p. 166, 167, 168.

[1] « C'est à sçavoir que doresnavant es-églises « cathédrales et métropolitaines es-dits royaumes, « Dauphiné et comté Valentinois vaccans à présent et « au temps advenir..... Les chapitres et chanoines « d'icelles églises ne pourront procéder à l'élection « ou postulation du futur prélat. Ains telle vacation « occurrente, le roi de France qui pour le tems sera : « un grave ou scientifique maistre ou licencié en théo- « logie, ou docteur ou licencié en tous ou l'un des « droits en université fameuse avecques rigueur d'exa- « men, et ayant vingt-sept ans pour le moins, et autre- « ment idoine dedans six mois, à compter du jour que « les dictes églises vacqueront, sera tenu nous présenter « et nommer, et à nos successeurs évesques ou audict « siége apostolique : pour y estre par nous pourvus. « Et si, par cas, le roy ne nommoit pas aux dictes « églises personne tellement qualifiée, nous ledict « siége et nos successeurs ne serons tenus d'y pour- « voir. Ains sera tenu ledict roy dedans trois autres « mois ensuivans .... nommer un autre en la manière

détails de discipline ecclésiastique, tels que les
peines à infliger aux clercs concubinaires, les
conditions exigées pour la collation des bénéfices
et la proportion dans laquelle les siéges vacants
seraient réservés aux gradués de l'Université[1].
Il n'était pas question des annates dans le concordat ; mais une bulle postérieure les rétablit, et
quoiqu'elle n'ait pas été reçue en France, l'usage
de percevoir ce tribut fut renouvelé[2].

71. Un changement aussi complet de la discipline ecclésiastique était de nature à émouvoir les
esprits ; la suppression du droit d'élection mécon-
tenta le clergé ; une concession aussi importante
faite à la puissance ultramontaine souleva la résistance du parlement, et l'enregistrement fut
refusé. Il fallut recourir à l'intimidation, et faire
dire au parlement, par La Trémouille, que *s'il
n'obéissait pas, le roi trouverait le moyen de l'en
faire repentir.* Néanmoins les magistrats ne cé-
dèrent qu'en protestant contre la violence qui leur
était faite[3]. La Sorbonne en appela au futur con-

« que dessus. Autrement à ce que à la domageable
« vacation des dictes églises à célérité soit pourvue
« par nous où ledict siége, de personne, comme
« dessus qualifiée y sera pourvue. » (ISAMBERT et
DECRUSY, t. XII, p. 79 et 80.)

[1] ISAMBERT et DECRUSY, t. XII, p. 85.

[2] *Mémoires du clergé*, t. X, p. 159.

[3] « La cour, toutes chambres assemblées, voyant et

cile, et des processions furent faites comme aux jours de calamités publiques [1].

72. Sous les successeurs de François 1er, des réclamations contre le concordat furent élevées à diverses reprises. Charles IX y fit même droit par un édit qui fut enregistré, et dont l'art. 1er portait : « Tous archevêques et évêques seront désor- « mais, sitôt que vacation adviendra, élus et « nommés. » Mais ce décret n'eut pas de suite et le roi lui-même l'abandonna.

« considérant les grandes menaces dont on usait à cet « égard, ayant tout lieu de craindre sa propre disso- « lution, qui *entraînerait celle du royaume*, crai- « gnant que si aucunes peines étaient suscitées à l'oc- « casion du délai de la publication du concordat, on « ne lui impute les malheurs qui pourraient arriver ; « craignant encore que les alliances faites ou à faire « avec les autres princes chrétiens ne fussent rompues « ou empêchées par le refus d'enregistrement et après « que la Cour a fait tout ce qui était humainement « possible pour obvier à cette publication et enregis- « trement, par-devant et en présence de sir Michel « Blondel, évêque de Langres, pair de France, comme « authentique personne, elle a protesté et proteste, « tant en général qu'en particulier, conjointement et « divisément, *qu'ils n'étaient et ne sont en leur* « *liberté et franchise;* et si la publication a lieu, ce « n'était ni de l'ordonnance ni du consentement de la « Cour, mais par le commandement du roi, force et « impressions ci-dessus déclarées. » (*Bibliothèque historique*, t. I, p. 222.)

[1] DE SISMONDI, t. VII; HALLAM, *Europe au moyen-âge*, t. II, p. 443.

73. Le concile de Trente, réuni en 1545, émit sur le gouvernement ecclésiastique des décrets favorables aux doctrines ultramontaines. Le concile voulait que toutes les constitutions des papes fussent exécutées, que les causes criminelles des évêques fussent jugées à Rome. Il défendait aux évêques d'avoir égard aux mandements des juges séculiers et leur permettait de faire exécuter leurs sentences par saisies de biens et de revenus. Le clergé, dont l'autorité était fort augmentée par ces décrets, en demanda l'enregistrement aux Etats de Blois de 1579, et plus tard aux Etats qui furent tenus en 1614. C'est dans cet intervalle qu'un jurisconsulte, P. Pithou, publia un petit livre où se trouvaient codifiées les libertés de l'Eglise Gallicane, et qui obtint l'honneur inouï d'être accepté et appliqué comme une loi [1]. Néanmoins les doctrines ultramontaines se propageaient avec rapidité, et les prétentions du Saint-Siége ne tardèrent pas à devenir inquiétantes pour Louis XIV. Nous n'avons pas à nous occuper des luttes politiques qu'il soutint avec la papauté. Mais le roi pensa qu'il fallait aussi la combattre dans l'ordre de la pensée, et de là vint la convocation de l'assemblée de 1682. Elle était composée d'évêques députés par le clergé,

---

[1] Selon GROSLEY, de Troyes, cet ouvrage serait dénué de toute autorité.

et cette circonstance a été invoquée contre son autorité ; car en France, les évêques ayant le droit de siéger au concile national, *jure suo*, il en résulte que cette assemblée était sans compétence. Quoi qu'il en soit, voici la déclaration qui sortit de ses délibérations le 19 mars 1682.

74. « Plusieurs personnes s'efforcent de ruiner « les décrets de l'Eglise Gallicane et les libertés « que nos ancêtres ont soutenues avec tant de « zèle, et de renverser leurs fondements qui sont « appuyés sur les saints canons et la tradition des « pères ; d'autres, sous prétexte de les défendre, « ont la hardiesse de donner atteinte à la pri- « mauté de saint Pierre et des pontifes romains, « ses successeurs institués par J.-C., d'em- « pêcher qu'on ne leur rende l'obéissance « que tout le monde leur doit, et de diminuer la « majesté du Saint-Siége apostolique, qui est « respectable à toutes les nations où l'on enseigne « la vraie foi de l'Eglise, et qui conserve son « unité. Les hérétiques, de leur côté, mettent « tout en œuvre pour faire paraître cette puis- « sance, qui maintient les lois de l'Eglise, insup- « portable aux rois et aux peuples ; et ils se « servent de cet artifice afin de séparer les âmes « simples de la communion de l'Eglise. Voulant « donc remédier à ces inconvénients, nous arche- « vêques et évêques, assemblés par ordre du roi,

« avec les autres ecclésiastiques députés qui
« représentent l'Eglise Gallicane, avons jugé con-
« venable, après une mûre délibération, de faire
« les règlements et la déclaration qui suivent :

I.

« Que saint Pierre et ses successeurs, vicaires
« de J.-C., et que l'Eglise même n'ont reçu de
« puissance de Dieu que sur les choses spirituelles
« et qui concernent le salut, et non point sur les
« choses temporelles et civiles. J.—C. nous ap-
« prend lui-même que son royaume n'est point
« de ce monde ; et, en un autre endroit, qu'il
« faut rendre à César ce qui est à César, et à
« Dieu ce qui est à Dieu ; qu'ainsi ce principe
« de l'apôtre ne peut en rien être ébranlé, que
« toute personne est soumise aux puissances su-
« périeures ; car il n'y a point de puissance qui
« ne vienne de Dieu, et c'est lui qui ordonne
« celles qui sont sur la terre. Celui donc qui
« résiste aux puissances résiste à l'ordre de Dieu.
« Nous déclarons, en conséquence, que les rois et
« les souverains ne sont soumis à aucune puis-
« sance ecclésiastique par ordre de Dieu dans les
« choses temporelles ; qu'ils ne peuvent être
« déposés directement ni indirectement par l'au-
« torité des chefs de l'Eglise ; que leurs sujets ne
« peuvent être dispensés de la soumission et de
« l'obéissance qu'ils leur doivent, ou absous du

« serment de fidélité, et que cette doctrine,
« nécessaire pour la tranquillité publique et non
« moins avantageuse à l'Eglise qu'à l'Etat, doit
« être invariablement suivie comme conforme à la
« parole de Dieu, à la tradition des saints Pères
« et aux exemples des saints.

II.

« Que la plénitude de la puissance que le Saint-
« Siége apostolique et les successeurs de saint
« Pierre, vicaires de J.-C. ont sur les choses
« spirituelles, est telle que néanmoins les décrets
« du saint Concile œcuménique de Constance,
« contenus dans les sessions 4 et 5, approuvés
« par le Saint-Siége apostolique, confirmés par
« la pratique de toute l'Eglise et des pontifes
« romains et observés religieusement dans tous
« les temps par l'Eglise Gallicane, demeurent
« dans toute leur force et vertu ; et que l'Eglise
« de France n'approuve pas l'opinion de ceux
« qui donnent atteinte à ces décrets ou qui les
« affaiblissent en disant que leur autorité n'est
« pas bien établie, qu'ils ne sont point approuvés
« ou qu'ils ne regardent que le temps du
« schisme.

III.

« Qu'ainsi, il faut régler l'usage de la puissance
« apostolique en suivant les canons faits par
« l'esprit de Dieu et consacrés par le respect

« général de tout le monde ; que les règles, les
« mœurs et les constitutions reçues dans le
« royaume et dans l'Eglise Gallicane doivent avoir
« leur force et vertu, et les usages de nos pères
« demeurent inébranlables; qu'il est même de la
« grandeur du Saint-Siége apostolique que les
« lois et coutumes établies du consentement de
« ce siége respectable et des églises subsistent
« invariablement.

IV.

« Que quoique le pape ait la principale part
« dans les questions de foi et que ses décrets re-
« gardent toutes les églises et chaque église en
« particulier, son jugement n'est pourtant pas
« irréformable à moins que le consentement de
« l'Eglise n'intervienne.

« Nous avons arrêté d'envoyer à toutes les
« églises de France et aux évèques qui y prési-
« dent, par l'autorité du Saint-Esprit, ces maximes
« que nous avons reçues de nos pères, afin que
« nous disions tous la même chose, que nous
« soyons dans les mêmes sentiments et que nous
« suivions tous la même doctrine. »

75. Un édit, en date du 23 mars 1682, prescrivit
l'enseignement des quatre articles. « Ordonnons,
« est-il dit dans l'article 2, que ceux qui seront
« dorénavant choisis pour enseigner la théologie
« dans tous les colléges de chaque université, soit

« qu'ils soient séculiers ou réguliers, souscriront
« la dite déclaration aux greffes des facultés de
« théologie, avant de pouvoir faire cette fonction
« dans les colléges ou maisons séculières ou ré-
« gulières; qu'ils se soumettront à enseigner la
« doctrine qui y est expliquée et que les syndics
« des facultés de théologie présenteront aux or-
« dinaires des lieux et à nos procureurs généraux,
« des copies des dites soumissions signées par les
« greffiers des dites facultés. »

76. La déclaration fut cassée par le Saint-Siége
et abandonnée par les évêques signataires eux-
mêmes. « *Abeat quò libuerit*, dit Bossuet, à cette
« occasion. » Mais il fit ensuite un excellent ouvrage pour défendre les principes qui y étaient
renfermés; car, ce que le pape avait condamné,
c'était moins les quatre articles que la réunion et
la compétence des évêques de France. Ce qui
manquait au clergé, ce n'était pas l'orthodoxie
des croyances, mais le droit pour décider [1]. Plus

---

[1] « Une réunion de magistrats pourrait dire des
« choses fort sensées, fort exactes sur les limites des
« pouvoirs publics placés au-dessus d'eux; mais ces
« magistrats tomberaient dans une erreur grave s'ils
« voulaient faire une déclaration solennelle de leur
« doctrine et lui conférer un caractère d'autorité
« dont elle ne serait pas susceptible. » (AFFRE, *Appel
comme d'abus*, p. 287.)

tard, Louis XIV retira à cette déclaration, abandonnée par ses auteurs, l'autorité qu'il lui avait donnée; mais un arrêt du conseil, en date du 23 avril 1766, la remit en vigueur et cette prescription fut confirmée par une déclaration du 7 juin 1777. La loi du 18 germinal an x a reproduit ces dispositions. Aux termes de l'article 24 de cette loi, « ceux qui seront choisis pour l'ensei-
« gnement dans les séminaires souscriront la dé-
« claration faite par le clergé de France le
« 19 mars 1682 et publiée par un édit de la
« même année; ils se soumettront à y enseigner
« la doctrine qui y est contenue, et les évêques
« adresseront une expédition en forme de cette
« soumission au ministre des cultes. » Enfin un décret du 25 février 1810 déclara qu'à l'avenir l'édit du 23 mars 1682 serait observé *comme loi générale de l'empire.*

77. Une des libertés de notre Eglise se trouve consacrée dans l'article 1er de loi organique aux termes duquel : « Aucune bulle, bref, rescrit,
« décret, mandat, provision, ni autres expédi-
« tions de la cour de Rome, même ne concernant
« que les particuliers, ne peuvent être reçus, pu-
« bliés, imprimés, ni autrement mis à exécution,
« sans autorisation du Gouvernement. » Cette prohibition n'a été levée par l'article 1er du décret du 28 février 1810 que pour les brefs de la pé-

nitencerie qui concernent le for intérieur. En conséquence le conseil d'Etat a décidé, par ordonnance du 23 décembre 1820, qu'il y avait abus dans un mandement par lequel l'évêque de Poitiers avait publié un bref non enregistré. Cette déclaration fut prononcée, quoique l'évêque eût affirmé que la publication n'avait été faite que par inadvertance. La simple négligence suffisait pour constituer l'abus, le législateur n'ayant exigé nulle part l'intention de violer la loi.

Le 21 novembre 1844, l'archevêque de Lyon publia un mandement portant condamnation du *Manuel de droit ecclésiatique* par M. Dupin aîné. C'était en réalité la condamnation de la loi organique qui s'y trouvait ouvertement combattue. En outre, le cardinal de Bonald y donnait force et exécution à la bulle pontificale *Auctorem fidei*, du 28 août 1694, laquelle n'a jamais été reçue en France. Pour ce double motif, le mandement du 21 novembre 1844 fut déclaré abusif par ordonnance du 9 mars 1845 [1].

Néanmoins il paraît que dans l'usage on s'est beaucoup relâché de cette rigueur, et que le conseil d'Etat n'intervient plus que pour l'enregistrement des bulles intéressant notre droit

---

[1] Voir le Rapport de M. Vivien, qui se trouve en entier dans le *Journal du palais*, t. IX, p. 497.

public ecclésiastique, et de celles qui portent institution canonique. Ainsi les dernières bulles de jubilé, les lettres encycliques de 1832 et 1834 ont été publiées sans autorisation du gouvernement [1]. Antérieurement à l'établissement de cette tolérance, le conseil avait déclaré abusif, par décret du 26 mars 1812, un indult dans lequel l'évêque de Parme permettait à ses diocésains l'usage de certains aliments prohibés, en vertu de pouvoirs qu'il prétendait lui avoir été secrètement communiqués par le pape.

§ 5. *Procédés qui peuvent compromettre l'honneur des citoyens, troubler arbitrairement leur conscience, ou dégénérer en oppression, injure ou scandale public.*

78. Le cinquième et dernier cas d'abus est conçu en termes indéfinis, dont le conseil d'Etat pourrait prendre texte pour intervenir dans l'appréciation d'une foule d'actes; mais, en cette matière, tous sont d'accord pour reconnaître que le conseil s'est toujours imposé la plus grande réserve et que sa jurisprudence a resserré les termes de la loi. A toutes les époques, les cas d'abus ont été mal définis, parce que le législateur a

---

[1] 'AFFRE, *Traité des paroisses*, p. 401.

pensé qu'il est impossible de prévoir tous les faits qui pourraient se produire, toutes les variétés de procédés qui seraient employés. Des réclamations fréquentes s'élevèrent à ce sujet, mais elles ne furent jamais accueillies. Les parlements craignaient qu'il ne devînt facile d'échapper à une loi trop précise par des moyens évasifs. Ainsi, en 1605, le clergé ayant appelé sur ce point l'attention de Henri IV, voici la réponse qui fut faite :
« Les appellations comme d'abus ont toujours été
« reçues quand il y a contravention aux saints
« décrets, conciles et constitutions canoniques,
« ou bien entreprises sur l'autorité de Sa Majesté,
« les lois du royaume, droits, libertés de l'Eglise
« Gallicane, ordonnances et arrêtés des parle-
« ments donnés en conséquence d'icelles ; et
« *pour ce, n'est pas possible de régler et définir*
« *plus particulièrement ce qui provient de causes*
« *si générales.* »

79. Tout membre d'une communion religieuse a droit au bénéfice des cérémonies, sacrements et prières de son culte, tant qu'il n'y a pas renoncé notoirement ou qu'il n'en a pas été exclu ; spécialement en ce qui concerne le refus de sépulture, un projet de décret, préparé en 1812, décidait que : « Toute personne morte dans l'état
« extérieur de l'Eglise catholique avait droit au
« secours spirituel de cette église, et qu'ainsi

« c'était, de la part des ecclésiastiques, manquer
« à un des premiers devoirs de leur ministère que
« de refuser, dans ce cas, les offices qui leur sont
« demandés. » Il est vrai que le décret ne fut pas
approuvé ; cela vint, non de la doctrine qui s'y
trouvait consacrée, mais des pénalités sévères qui
en étaient la sanction ; car le décret prononçait
la déposition et le bannissement contre l'auteur
du refus de sépulture. D'ailleurs le conseil d'Etat
n'applique pas ces principes dans toute leur rigueur, et généralement il ne déclare l'abus que dans
les cas où le refus a été accompagné d'injure ou de
scandale public. C'est ainsi que dans une ordonnance en date du 15 juin 1827, il a été décidé que :
« Le refus fait par un prêtre de se transporter chez
« un paroissien pour entendre sa confession et
« de l'inhumer avec les cérémonies ecclésiasti-
« ques ne constitue aucun des cas d'abus prévus
« par la loi. »—Une ordonnance du 16 décembre
1830 contient une décision identique : « Consi-
« dérant, y est-il dit, qu'il résulte de l'instruc-
« tion que le refus public de sacrement dont se
« plaint le sieur Laurent n'a été accompagné d'au-
« cune réflexion de la part du desservant ; et que
« *dès-lors* ce fait ne peut être déféré qu'à l'autorité
« ecclésiastique supérieure. »—Nous ne pensons
pas qu'il faille voir une déviation de jurisprudence
dans l'ordonnance du 11 janvier 1829, qui fut

rendue dans les circonstances suivantes. Le sieur
Gilbert, desservant à Dammartin, avait refusé
d'administrer le baptême aux enfants présentés
par la dame Bogard, sage-femme. La conduite
du sieur Gilbert ayant été déférée au conseil
d'État, une ordonnance fut rendue qui la déclarait abusive. Il lui était enjoint par la même
décision de s'abstenir désormais de pareils refus :
« Considérant, disait cette ordonnance, que le
« refus fait par le desservant d'administrer le
« baptême aux enfants présentés par la dame Bo-
« gard n'a été accompagné d'aucun discours in-
« jurieux pour elle : d'où il suit qu'il n'y a pas
« lieu de renvoyer le desservant de Dammartin
« devant les tribunaux ; — Considérant néanmoins
« que le refus d'administrer le baptême à un
« enfant, sur le fondement que la personne que les
« parents ont chargée de veiller à sa conservation
« et de le présenter à l'église n'est pas agréée par
« le curé ou desservant de la paroisse, n'en est pas
« moins abusif, puisque, d'une part, cette per-
« sonne ne participe point à la cérémonie reli-
« gieuse du baptême, et que, de l'autre, aucune
« règle canonique admise dans le royaume n'au-
« torise les curés ou desservants à n'admettre en
« pareil cas que des personnes agréées. » — Sans
doute, dans cette espèce il n'y avait pas injure ou
scandale public, ainsi que le constatent les consi-

dérants; mais il y avait un refus évidemment arbitraire, et par conséquent une oppression illégi-
time du paroissien. Aussi quand il s'est agi du
refus fondé sur ce que le parrain et la marraine
n'avaient pas l'agrément du curé, le conseil a-t-il
repoussé l'appel.—On litdans une ordonnance du
28 mars 1831 : « Considérant, en ce qui touche
« le refus d'admettre comme parrain et marraine
« les sieur et dame Loustalot, que le refus ne
« peut être considéré, dans l'espèce, comme un
« procédé diffamatoire et injurieux, et qu'il ne
« constitue pas *dès-lors* un des cas d'abus prévus
« par la loi organique. » Dans ce cas, en effet, il
s'agissait de personnes nécessaires à l'administration du sacrement, tandis que, dans l'autre, le refus était motivé sur la présence d'une personne
étrangère à la cérémonie. Le conseil a encore
confirmé sa doctrine dans l'ordonnance qui a été
rendue le 30 décembre 1838, à l'occasion des fu-
nérailles de M. de Montlosier.

80. M. de Montlosier, l'auteur d'ouvrages deve-
nus célèbres sous la Restauration, sur *la formation
de certaines Congrégations et le rétablissement des Jé-
suites en France*, mourut à Clermont–Ferrand le
9 décembre 1838, après avoir manifesté le désir
de s'entourer des secours de la religion, et déclaré
dans son testament qu'il avait vécu et qu'il mou-
rait dans le sein de la religion catholique. Il

avait même, à ses derniers moments, fait appeler
un prêtre dont il avait reçu l'absolution. Mais
l'évêque de Clermont, étant venu le visiter à son
lit de mort, exigea de lui une rétractation publique
de ses écrits, ce qui fut refusé. M. de Montlosier mourut quelques jours après, et son corps,
présenté à l'église, y éprouva un refus de
sépulture religieuse. Ce refus fut confirmé par
l'évêque de Clermont, auprès duquel la famille ré-
clama. Sur l'appel comme d'abus, le conseil d'État
rendit la décision suivante : « Vu toutes les pièces
« de l'instruction, desquelles il résulte que non-
« obstant le vœu exprimé par le comte de Mont-
« losier jusqu'aux derniers moments de sa vie, et
« malgré les instances réitérées de sa famille et de
« ses amis au moment de son décès, l'autorité
« ecclésiastique de Clermont s'est refusée à per-
« mettre, pour les dépouilles mortelles du défunt,
« l'accomplissement des cérémonies extérieures et
« publiques de la religion ; que le comte de Mont-
« losier est mort dans la profession publique de la
« religion catholique, apostolique et romaine ;
« qu'il avait demandé et reçu le sacrement de la
« pénitence ; et que le seul motif allégué pour ce
« refus a été que le comte de Montlosier n'aurait
« pas voulu donner, devant témoins, une rétracta-
« tion écrite et destinée à la publicité ; — Vu, etc. :
« — Considérant que le refus de sépulture ca-

« tholique fait par l'autorité ecclésiastique au
« comte de Montlosier, dans les circonstances qui
« l'ont accompagné et qui sont constatées par
« l'instruction, constitue un procédé qui a dégé-
« néré en oppression et *en scandale public*, et ren-
« tre dès-lors dans les cas prévus par l'article 6 de
« la loi du 18 germinal an x :

« Art. 1. Il y a abus dans le refus de sépulture
« catholique fait au comte de Montlosier. »—
Cette affaire donna lieu à une polémique très-
vive, et c'est à cette occasion que fut publié le
pamphlet de M. de Cormenin intitulé : *Défense de
l'évêque de Clermont*. Mais la polémique n'était
possible que sur l'appréciation des faits. On pouvait soutenir que, d'après les circonstances de
l'affaire, il n'y avait pas eu de scandale public et
qu'il s'agissait d'un simple refus de sacrement.
Quant aux principes, ils étaient consacrés depuis
longtemps par la jurisprudence[1], et le conseil-
d'Etat ne se départit pas de sa doctrine. Aussi
M. de Cormenin ne fit-il pas porter sa *défense* sur

---

[1] *Gazette des Tribunaux* du 6 décembre 1838.
Le conseil se conforma à la jurisprudence telle
qu'elle a été résumée par M. DE CORMENIN en ces
termes : « S'il n'y a que refus de sacrement, *sans
« accompagnement d'injure articulée et personnelle,*
« il n'y a pas abus extérieur dans le sens légal du
« mot » (T. II, *Appendice*, vᵒ *Appel comme d'Abus*).

l'interprétation de l'art. 6 ; il attaqua directement la législation elle-même. Son travail fut écrit par le publiciste, à l'insu du jurisconsulte. « Lors- « qu'un peuple, disait-il, change la forme de son « gouvernement, l'office du législateur consiste, « non-seulement à faire des lois nouvelles qui « s'adaptent à cette forme nouvelle, mais encore « à abroger les anciennes qui ne s'y adaptent « plus. Au lieu d'en agir de la sorte, vous avez « entassé pêle-mêle, dans votre législation, les « édits de l'ancienne monarchie, les lois de la « République, les décrets de l'Empire, les ordon- « nances de la Restauration et les rubriques « de Juillet, et vous mettez la main au hasard « sur les uns et sur les autres, sans commencer « par vous demander si vous êtes encore sous « Louis XIV, sous Robespierre, sous Napoléon, « sous Charles X, ou sous Louis–Philippe. Vous « n'êtes pas des hommes de votre temps, parce « que vous voulez être des hommes de tous les « temps ; vous n'avez pas de tenue dans vos « mœurs, vos jugements, parce que vous n'en avez « pas dans vos lois, et vous n'appliquez ici les « anciennes règles à des cas nouveaux que parce « que vous confondez la vieille société de nos « pères et la nôtre[1]. »

---

[1] Nous devons signaler ici une note qui a été pu-

81. Dans une déclaration adressée au journal *l'Univers*, le 24 octobre 1843, l'évêque de Châlons attaqua l'Université et les doctrines qu'elle enseignait; en même temps, il menaça d'un refus éventuel de sacrements les enfants élevés dans les établissements universitaires. Il y avait lieu de se demander d'abord si cet acte avait été fait par l'évêque de Châlons dans l'exercice du culte, et si on pouvait considérer comme un acte de l'autorité ecclésiastique un simple écrit, un article de journal. Cette question n'arrêta pas le conseil; car l'évêque n'avait pu menacer d'un refus de

---

bliée dans le recueil du Sirey, année 1838, II, 23, et qui est signée de M. DEVILLENEUVE. Ce jurisconsulte trouve qu'une déclaration d'abus ne suffit pas, et que, pour donner une sanction plus efficace à l'intervention de l'État dans la police des cultes, il y aurait lieu de contraindre les ecclésiastiques par la saisie du temporel, comme le faisaient les anciens parlements. Ce n'est pas le moment d'examiner si cette opinion serait soutenable en législation; mais nous sommes surpris à un point extrême qu'il ait pu se trouver un jurisconsulte éclairé pour la professer. Ignore-t-il que plus d'un contradicteur est prêt à se lever pour contester à l'État le droit de toucher au traitement du clergé, et soutenir qu'il n'est que l'indemnité représentant les biens de main-morte qui lui appartenaient?—Toutes ces questions sont controversables sans doute; mais le conseil d'État se garderait, je pense, de fonder sur des doutes la sévère jurisprudence qui lui est conseillée dans cette note.

sacrements qu'en vertu de sa qualité d'évêque. Mais y avait-il lieu de considérer comme donnant lieu au recours pour abus un refus éventuel de sacrements, lorsque le refus lui-même ne suffit pas pour lui servir de fondement[1]? Le conseil considéra qu'il y avait dans ce refus un trouble arbitraire jeté dans la conscience des élèves. D'un autre côté l'écrit lui parut contenir des imputations injurieuses aux membres du corps enseignant, et c'est à ce double titre que, par ordonnance du 8 novembre 1843, la déclaration de Mgr de Prilly fut déclarée abusive. Le conseil a également jugé qu'il y avait trouble arbitraire dans le fait d'un ecclésiastique qui refuse d'entendre en confession un prêtre assermenté s'il ne rétracte son serment à la constitution civile du clergé, et qui ensuite lit publiquement la rétractation. C'est ce qui a été décidé par ordonnance du 19 mars 1829 [1].

82. Il n'y a pas lieu de déclarer l'abus toutes les fois que le refus de sacrement a dégénéré en scandale public; car il peut y avoir de justes motifs de refus. « Les excuses du prêtre, dit M. de « Cormenin, qui sont admises par le conseil « d'Etat, sont : en matière des épulture, que le « moribond aurait déclaré n'être pas croyant et

---

[1] Affaire *Calmels* et *Carles*.

« qu'il aurait repoussé le prêtre avec injure [1];
« en matière de confession, que le prêtre se serait
« retiré, sur le refus du mourant d'être ouï en
« confession ; en matière de communion, que le
« refusé se serait confessé à un autre curé, sans
« la permission du sien [2]. » Il est inutile de faire
observer que rien ne sert d'excuse à l'injure personnelle.

[1] Ordonnance du 13 juin 1827 (affaire *Gallais*).
[2] Ordonnance du 16 mars 1828 (affaire *Camps*).—
CORMENIN, *Droit administratif*, t. I, p. 237, note 5.

CHAPITRE III.

DE LA PROCÉDURE A SUIVRE EN MATIÈRE D'ABUS.

83. Ce chapitre se divise naturellement en deux parties. Dans la première, je traiterai de la compétence ; dans la seconde, des formes à suivre pour introduire le recours, ou de la procédure proprement dite.

§ 1er *De la compétence.*

84. « Il y aura recours au *conseil d'Etat*, dit « l'art. 6 de la loi organique, dans tous les cas « d'abus de la part des supérieurs et autres per- « sonnes ecclésiastiques. » Cette attribution a été reconnue au conseil d'Etat par l'article 8, cin- quième alinéa, de l'ordonnance du 29 juin 1814, portant règlement du conseil. La même disposi- tion a été reproduite dans l'article 17 de l'or- donnance du 18 septembre 1839 et dans le règle- ment actuellement en vigueur du 16 juin 1850, art. 9 2°. La question de compétence ayant été

soumise aux tribunaux et au conseil d'Etat, on a reconnu que la juridiction administrative était compétente, et sur ce point aucune divergence ne s'est produite entre les deux jurisprudences. Le sieur Fournier demanda au conseil d'Etat l'autorisation de poursuivre devant *l'autorité judiciaire* l'archevêque d'Amasie, qui l'avait *interdit à sacris*. Mais sa requête fut rejetée par ordonnance du 17 mai 1837 ainsi motivée : Considérant qu'aux « termes de l'art. 6 de la loi organique il n'ap- « partient qu'à nous de statuer, en notre conseil « d'Etat, sur les recours pour abus, et qu'ainsi il « n'y a pas lieu d'accorder au sieur Fournier « l'autorisation par lui demandée de recourir à « l'autorité judiciaire pour faire déclarer abusif « l'interdit prononcé contre lui par l'archevêque « d'Amasie. » Les ordonnances qui ont été rendues en cette matière peuvent toutes être considérées comme renfermant une confirmation tacite de cette décision. Elle a été également consacrée par la Cour de cassation toutes les fois qu'elle a eu à se prononcer sur ce point, et notamment dans les arrêts en date des 28 mars 1818, 25 août 1827, 28 mars 1828, 25 novembre 1834, 26 juillet 1838.

85. Malgré ce concours de raisons et d'autorités, l'opinion contraire a trouvé pour défenseur un jurisconsulte éminent, M. Merlin. Il invoque

à l'appui les articles 5 et 6 du décret en date du 25 mars 1813, organique du concordat de Fontainebleau :

Art. 5. « Nos cours impériales connaîtront de « toutes les affaires connues sous le nom d'appels « comme d'abus, ainsi que de toutes celles qui « résulteront de la non-exécution des lois des « concordats.

Art. 6. Notre grand-juge présentera un projet « de loi pour être discuté en notre conseil, qui « déterminera la procédure et les peines appli- « cables en ces matières. »

Ce décret a l'autorité de la loi, et par conséquent, dit M. Merlin, de simples ordonnances, des règlements n'ont pu l'abroger. Mais ces textes ne nous paraissent pas être applicables, pour deux raisons. En premier lieu, le décret du 25 mars 1813 n'était qu'un appendice du concordat de Fontainebleau, et il n'a pu demeurer en vigueur lorsque le principal a été inexécuté. Ce qui le prouve, c'est que l'article 6 précité prescrivait au grand-juge de présenter un projet de loi où serait déterminée la procédure à suivre devant les cours d'appel en matière d'abus ; or, cette disposition n'a pas été suivie. Si les cours d'appel étaient compétentes, les embarras commenceraient dès le début de l'action, les parties ignorant de quelle manière il faudrait procéder. D'un autre côté,

M. de Cormenin, rétorquant l'argument tiré par M. Merlin de l'abrogation, fait observer avec raison que le décret de 1813 est l'œuvre de l'Empereur seul ; que le pouvoir législatif ne l'a pas sanctionné, et que si les décrets de cette nature ont l'autorité de la loi pour les matières non encore réglées, ils ne peuvent pas abroger des lois déjà faites [1]. Remarquons en terminant que cette question a été plusieurs fois soumise aux chambres par voie de pétition, et qu'elle a été toujours résolue par l'ordre du jour pur et simple [2].

86. D'ailleurs est-il vrai, comme on l'a souvent affirmé, que la juridiction des cours serait, en cette matière, préférable à celle du conseil d'Etat ? « Quant au conseil d'Etat, dit M. Dupin, « ce n'est peut être pas la meilleure juridiction « possible. Moi-même, en maintes occasions, j'ai « exprimé le vœu que ces affaires fussent ren- « voyées aux Cours royales [3]. » La même opinion était exprimée par M. Laisné dans l'Exposé des motifs du concordat de 1817. « Composées de « magistrats inamovibles, disait-il, elles sont « éminemment propres à conserver le dépôt des

---

[1] T. II, *Appendice*.

[2] Notamment dans la session de 1839, au rapport de M. de Golbéry.

[3] *Manuel*, p. 87 et 473.

« maximes nationales et à en perpétuer la tradi-
« tion. Les ministres de la religion trouveront
« dans ces magistrats cette gravité de mœurs et
« de pensée, ces sentiments vraiment religieux
« qui ont honoré la magistrature française. » A
ces autorités on peut opposer celle de Sirey, qui
dans son ouvrage sur le *Conseil d'Etat* s'est exprimé ainsi à ce sujet : « Il ne faut pas lutter
« contre l'essence des choses : les cours de jus-
« tice ne seraient pas, sans de graves inconvé-
« nients, appelées à juger des débats nécessai-
« rement soumis à des règles politiques ou
« administratives[1]. » Telle est aussi l'opinion de
M. Antoine Blanche, que sa qualité de magistrat
n'a pas empêché de reconnaître que le Conseil
d'Etat « est plus apte que les cours à juger sciem-
« ment les recours pour abus[2]. »

87. C'est qu'en effet les recours pour abus tou-
chent aux rapports de deux grandes puissances,
jalouses, susceptibles. Pour les juger, il faut une
juridiction mêlée par sa nature au mouvement de
l'administration et de la politique, pouvant en
apprécier les tendances et y conformer sa décision.
Les attributions politiques ont perdu les parle-

---

[1] Sirey, *Conseil d'État*, p. 143, § 130.
[2] Dictionnaire d'administration, V° *Appel comme d'abus*, p. 66.

11.

ments. Pourquoi se rencontre-t-il des esprits graves qui cherchent à augmenter les attributions de la magistrature, sans discernement de celles qui lui conviennent? D'où peut venir, sinon de l'aveuglement, cette tendance à lui rendre ce qui a préparé la chute de ses prédécesseurs? Ajoutons que le clergé n'aurait aucun profit à changer des juges bienveillants, que la moindre rétractation fléchit, contre des tribunaux inexorables gardiens des peines.

§ 2. *De la forme en laquelle s'introduit le recours pour abus.*

88. Aux termes de l'art. 8 de la loi organique, « le recours compétera à toute partie intéressée. » — Quel intérêt doit avoir l'appelant? Faut-il qu'il ait été personnellement victime de l'abus d'autorité? Suffit-il qu'il se présente en vertu de l'intérêt moral que fait naître la solidarité de la famille? Tout héritier a-t-il le droit de se présenter pour venger la mémoire du défunt? — Ces questions ont été laissées indécises par le législateur, et c'est à la jurisprudence qu'il appartient de les résoudre.

89. Il est évident que la personne qui a été l'objet de l'abus d'autorité n'est pas la seule qui ait le droit de réclamer; car s'il en était ainsi, le

refus de sépulture suivi de scandale public demeurerait impuni. Il faut donc accorder aux héritiers le droit de se présenter. Mais je pense que les héritiers successeurs aux biens ne seraient pas les seuls admissibles. Supposons, en effet, que le décédé ait laissé des enfants et des ascendants; ceux-ci ne sauraient être écartés comme dépourvus d'intérêt, parce que les descendants leur sont préférés dans l'ordre successif. Plus que personne ils ont intérêt à maintenir l'honneur d'une famille dont ils sont les chefs; car, à vrai dire, ils se présenteront non comme ayant-cause du défunt, mais en vertu d'un droit qui leur est propre. C'est ainsi qu'en droit Romain l'injure faite à une personne pouvait donner naissance à plusieurs actions au profit de ceux qui ne l'avaient pas éprouvée personnellement, mais qui étaient présumés en ressentir les atteintes indirectes.

90. Le sieur Casaulong, desservant à Sévignac (Basses-Pyrénées), avait refusé d'admettre les sieur et dame Loustalot comme parrain et marraine de l'enfant de leur parent Ménudé-Liaas et d'administrer le baptême, jusqu'à ce que l'enfant fût présenté par des personnes ayant son agrément. Le père appela comme d'abus, en se fondant sur ce que le desservant avait par ce procédé blessé l'honneur de la famille. Mais le recours

fut rejeté par ordonnance du 17 août 1825 :
«Considérant qu'aux termes de l'art. 8 de la loi
« du 8 avril 1802, le recours compète aux per-
« sonnes intéressées; que les sieur et dame Lous-
« talot, qui sont seuls intéressés, ne se pourvoient
« pas ; que le sieur Ménudé-Liaas est sans qualité
« pour se pourvoir en leur nom. »

91. Nous avons déjà vu que le sieur Savin,
chanoine et archiprêtre à Viviers, avait été d'abord
révoqué en qualité d'archiprêtre, et plus tard
déposé de son canonicat. Il appela comme d'abus,
et le maire de la commune se joignit à lui pour
attaquer la sentence d'interdit. En outre, le maire
déféra au conseil d'État comme abusive l'ordonnance qui avait opéré la réunion de la cure de Viviers au chapitre. Ce double recours fut rejeté, et
celui du maire le fut spécialement par le motif
que la commune de Viviers n'était pas *partie intéressée*[1]. En effet, le pourvoi du maire était fondé
sur ce que la commune avait été privée d'un titre
curial auquel elle avait droit, d'après l'art. 60 de la
loi organique. Mais comme cette mesure n'affec-
tait en rien la circonscription communale, il en
résultait que la commune de Viviers était dépourvue d'intérêt[2].

---

[1] Ordonnance du 24 juillet 1845.
[2] Dans l'ordonnance du 4 mars 1830, il a été jugé

92.—L'article 8 de la loi organique donne également le droit d'appeler comme d'abus aux préfets. « A défaut de plainte particulière, il sera « exercé d'office par les préfets. »—Ces termes sont impératifs et indiquent que les préfets ont non-seulement un droit à exercer, mais encore un devoir à remplir. Le préfet n'est pas le seul fonctionnaire qui soit admis à agir d'office.

Il est évident, en effet, que le ministre, supérieur hiérarchique du préfet, doit avoir le même droit que celui-ci, et qu'il doit pouvoir vaincre l'inertie du préfet. Il est vrai que pour se renfermer strictement dans les termes de la loi, il pourrait donner l'ordre au préfet d'appeler ; mais ce circuit est complétement inutile, et le conseil d'Etat n'a jamais exigé qu'il fût suivi. Ainsi le recours à la suite duquel a été rendue l'ordonnance du 9 mars 1845 fut introduit par le ministre de la justice. Le droit du préfet ou du ministre est destiné à amener l'observation des lois et à protéger l'intérêt général. Il en résulte que la renonciation même expresse des parties ne saurait y faire obstacle ; car c'est un principe élémentaire au droit, que l'intérêt général est au-dessus des conventions particulières [1].

---

qu'une partie qui a consenti à une perception de droits supérieurs au tarif du diocèse ne peut plus appeler, faute d'intérêt.

[1] Art. 6 du Code civil.

93. Lorsqu'il s'agit d'un acte abusif susceptible d'être déféré aux tribunaux criminels, le droit de demander l'autorisation de poursuivre appartient soit à la partie civile, soit au procureur de la République ou au procureur-général. Il serait trop long d'énumérer ici les ordonnances qui ont été rendues sur le recours formé par le ministère public.

94. Après avoir déterminé les personnes qui peuvent appeler comme d'abus, examinons quels sont les actes qui peuvent être attaqués par ce moyen. — Le recours pour abus est une voie de recours extraordinaire : elle ne doit donc être employée qu'à la dernière extrémité et lorsque toutes les autres sont fermées. Ainsi le recours au métropolitain doit être tenté avant de déférer au conseil une sentence entachée d'abus. C'est ce qui a été jugé plusieurs fois, et dernièrement encore dans deux décrets, en date du 6 août 1850 [1].

Il en est autrement pour les actes autres que les sentences, tels que le refus de sacrement ; car, si le métropolitain peut anéantir une décision, il ne peut détruire un fait, *infectum reddere*. C'est ainsi que, dans l'affaire Montlosier, le ministre de

---

[1] Affaires *Audierne* et *Piveteau*.

la justice se pourvut immédiatement contre le refus fait par l'évêque de Clermont-Ferrand, sans soumettre cet acte à l'appréciation du métropolitain.

95. La loi n'a pas déterminé de délai dans lequel le recours doive être formé à peine de déchéance. On s'est demandé dès lors si les parties seraient recevables à toute époque; ce point a été l'objet d'une discussion récente au sein du conseil d'Etat. Plusieurs membres soutinrent qu'il fallait suivre le délai de trois mois et rejeter tout recours qui ne serait formé qu'après leur expiration. Ils appuyaient leur opinion sur ce que ce délai est, pour ainsi dire, de droit commun dans les affaires soumises au conseil d'Etat. C'est celui qui a été fixé par le règlement de 1806 pour les pourvois devant le contentieux et en matière d'administration pure par la loi du 18 juillet 1837, pour les autorisations de plaider demandées par les communes. Ils ajoutaient que c'est le délai adopté en matière civile pour les appels, d'après l'art. 443 du Code de procédure. Enfin n'est-il pas naturel, disaient-ils, dans le silence de la loi actuelle, de la compléter par la loi ancienne et d'appliquer les délais suivis par les parlements et déterminés par les dispositions du droit canonique? D'autres soutenaient, au contraire, que la loi n'ayant créé aucune déchéance, il était impossible d'en éta-

blir une, et que les analogies les plus complètes,
les rapprochements les plus heureux ne sauraient
triompher du principe : *pœnalia non sunt exten-
denda*. Ces deux opinions n'étaient pas inconci-
liables, à notre avis. En effet, les parties peuvent
renoncer au recours pour abus. Or, cette renonciation peut être soit expresse, soit tacite : elle
pourrait résulter, par exemple, de l'expiration
d'un délai suffisant pour la faire présumer ; car,
nul ne peut aller jusqu'à dire que l'appel serait
encore recevable après dix ou vingt ans et même
d'une manière indéfinie. Le conseil pourra donc
apprécier, suivant les circonstances, s'il y a lieu à
renonciation, et arriver ainsi à créer après un certain délai une déchéance qui ne serait pas forcé-
ment uniforme pour tous les cas. Il aurait même
la faculté de présumer la renonciation après le
délai de trois mois, et, de cette manière, établir
en fait la déchéance qui n'existe pas en droit ;
mais cette règle ne le lierait pas, et il pourrait
l'appliquer, ou non, suivant les espèces, tandis
qu'il serait tenu de suivre la disposition de la loi
s'il en existait une. Il y a dans l'avis du 19 juin
1851, cité plus haut, un passage qu'il importe de
reproduire ici : « Considérant que les délais con-
« sacrés par les anciens usages sont observés pour
« l'appel de la décision épiscopale devant le mé-
« tropolitain ; — que si ces mêmes délais étaient

« suivis pour le recours à exercer devant le con-
« seil d'Etat, les inconvenients ci-dessus signalés
« seraient évités. »

96. Le recours pour abus n'est pas porté directement au conseil d'Etat; l'appelant est tenu,
d'abord, d'adresser un mémoire détaillé et signé
au ministre des cultes, qui doit prendre, dans le
plus court délai, tous les renseignements convenables, et ensuite envoyer les pièces avec son
rapport au président du conseil d'Etat. Cette
remise du mémoire a été instituée comme une
sorte de préliminaire de conciliation; il arrive
souvent, en effet, que le ministre parvient à
éteindre l'affaire, soit par l'autorité qui s'attache
à son intervention, soit en obtenant des rétracta-
tions. Aussi le recours pour abus est-il irrece-
vable quand il n'a pas été précédé de ce préliminaire, comme l'action civile, dans les cas où la
conciliation n'a pas été tentée. Dans plusieurs circonstances, le conseil d'Etat a repoussé des
requêtes qui lui avaient été adressées directement
et renvoyé les parties à se pourvoir devant le
ministre des cultes [1]. Il y aurait lieu également de
rejeter le recours, lors même qu'il aurait été
adressé au ministre des cultes, si le mémoire

---

[1] DE CORMENIN, t. I, p. 231, note 1.

n'était pas détaillé ou s'il ne portait pas de signature.

97. Le conseil d'Etat sera juge souverain, pour décider si le mémoire est suffisamment détaillé ou non; car, s'il l'était d'une façon illusoire, il pourrait opposer un fin de non-recevoir quoique la condition de la loi parût être matériellement remplie.

98. En ce qui concerne la signature, qu'arriverait-il si l'appelant ne savait pas signer? Comment serait-il possible de remplir la condition prescrite par la loi? Plusieurs moyens pourraient être employés. D'abord, l'appelant pourrait signaler l'acte abusif au préfet et le prier d'user du droit qu'il a de former le recours. S'il ne voulait pas recourir à cette voie, ou si le préfet refusait de prêter son initiative, l'appelant aurait le choix entre le ministère des avocats au conseil et celui des notaires. Nous pensons qu'il y a lieu de leur accorder la faculté de choisir, parce que l'intermédiaire des avocats au conseil d'Etat n'est pas obligé en cette matière, et qu'il doit rester facultatif pour ceux qui ne savent pas signer aussi bien que pour les autres. Quant au ministère des notaires, il est de droit commun pour communiquer l'authenticité aux déclarations : c'est donc à lui que doivent recourir les parties qui ne veulent pas employer les avocats au conseil d'Etat.

99. — Le ministre des cultes doit prendre tous les renseignements convenables, dans le plus court délai. Quant aux moyens à employer pour procéder à l'instruction, c'est au ministre qu'il appartient de les déterminer suivant les cas, la loi n'ayant rien fixé à ce sujet. Il pourra soit confier à l'évêque compétent le soin d'interroger les témoins, soit déléguer un évêque voisin, ou se mettre en relations directes avec des personnes capables de l'éclairer, ou charger de ce soin un agent du gouvernement. Je n'indique que des exemples, les modes d'instruction pouvant être aussi variés que les situations.

100. — Le dossier est ensuite envoyé au président du conseil d'Etat et reçu au secrétariat général. De là, il est adressé au président du comité de l'intérieur de l'instruction publique et des cultes, qui nomme un rapporteur parmi les conseillers ou les maîtres des requêtes. Les auditeurs ne peuvent pas être chargés de rapporter ces affaires, d'après l'art. 54 du règlement ainsi conçu : « Les auditeurs ne peuvent être chargés du rap- « port des projets de loi et de règlement d'admi- « nistration publique, des prises maritimes et des « *recours pour abus.* » Sous l'empire de l'ordonnance du 18 septembre 1839, le comité de législation préparait les projets de décret relatifs à ces sortes d'affaires, ainsi que cela résulte de l'art.

17. Aux termes du même article, le comité de législation correspondait aux départements de la justice et des cultes.

101. — Si l'affaire lui paraît suffisamment instruite, le comité de l'intérieur de l'instruction publique et des cultes arrête le projet de décret qui sera proposé à l'assemblée générale du conseil d'Etat. Si, au contraire, l'instruction est insuffisante, il demande un supplément de renseignements, soit par un avis signé du président et du rapporteur, soit par une simple note signée du rapporteur seulement.

102. — Après ce premier examen, l'affaire est portée à l'assemblée générale du conseil d'Etat qui est appelée à délibérer sur les conclusions du comité. « Le conseil, dit M. de Cormenin, emploie « dans cette matière, selon les cas, diverses for- « mules de solution : 1° Il déclare simplement « qu'il y a abus ; 2° il déclare l'abus avec sup- « pression de l'écrit abusif ; 3° il déclare l'abus « avec injonction au prêtre de s'abstenir de refus « des sacrements dans des cas semblables ; 4° il « déclare l'abus et autorise les poursuites à « fins criiminelles ; 5° il déclare l'abus et auto- « rise les poursuites à fins civiles seulement ; 6° il « déclare l'abus, et, admettant l'excuse, n'autorise « pas les poursuites ; 7° il déclare qu'il n'y a pas « abus ; 8° il déclare à la fois qu'il n'y a lieu ni à

« renvoi devant les tribunaux, ni à prononciation
« d'abus ; 9° il écarte le recours, sauf à se pour-
« voir devant l'autorité supérieure, dans la hié-
« rarchie ecclésiastique ; 10° il déclare l'appel
« incompétent et non recevable ; 11° il déclare
« l'abus sur un point et pour une personne, et sur
« un autre point et pour une autre personne, ou
« qu'il n'y a pas d'abus, ou qu'il y a lieu à renvoi
« devant les tribunaux ou devant le supérieur
« *hiérarchique*[1]. Ça donc été une chose insolite de
« n'avoir pas dénommé dans l'ordonnance du
« 21 décembre 1838 l'évêque blâmé. En effet,
« dans les appels comme d'abus, le conseil d'Etat
« rend un véritable jugement. On y juge les per-
« sonnes et non les institutions. On peut donc
« penser que le conseil d'Etat n'aurait pas dû
« déclarer l'abus de l'*autorité ecclésiastique*, ce
« qui comprenait l'ensemble du clergé et non la
« personne de l'évêque. Le blâme ne frappe pas
« un principe, mais un fait, mais un homme. »

103. M. de Cormenin pense que le conseil
d'Etat excède ses pouvoirs en cumulant, dans son
dispositif, la déclaration d'abus et le renvoi aux
tribunaux : « S'il n'y a qu'abus, il doit se borner

---

[1] Voir deux ordonnances du 31 juillet 1822 qui ren-
voient les parties à se pourvoir devant le ministre de
l'intérieur.

12.

« à le dire. S'il y a crime ou délit civil, il doit,
« comme en matière de mise en jugement, ren-
« voyer simplement l'ecclésiastique inculpé de-
« vant les tribunaux, sans déclaration préalable
« d'abus. En effet, la déclaration d'abus est une
« condamnation administrative du plus haut
« degré, et cette condamnation administrative
« pourrait entraîner, par analogie de préjugé, la
« condamnation judiciaire. C'est à la fois violer
« le concordat, opprimer le prévenu et gêner le
« juge[1]. » Nous ne saurions partager ce senti-
ment. La déclaration d'abus est disciplinaire, et
il est de principe constant que les peines de cette
nature se cumulent avec les peines de droit commun, sans contrarier la maxime *non bis in idem*.
L'appréciation des faits au point de vue de la
discipline est toute spéciale, toujours plus jalouse,
plus susceptible; en sorte que le juge ordinaire
ne saurait se considérer comme lié par la décision
disciplinaire. D'ailleurs, dans d'autres circonstances, les parties se présentent devant leurs juges
avec un semblable préjugé. — Ainsi, en matière
criminelle il peut se faire que le prévenu arrive
devant la Cour d'assises après avoir été condamné
par le tribunal civil. Sans doute, il est de principe

---

[1] DE CORMENIN, t. I, p. 230, au bas de la page.

que *le criminel tient le civil en état;* mais cela n'est vrai que lorsque les deux actions sont simultanées. Est-il jamais tombé en pensée à personne de dire qu'en pareil cas la liberté de la défense n'existe pas et que le prévenu est opprimé?

104. L'affaire est terminée définitivement dans la forme administrative, c'est-à-dire sans frais ni constitution d'avocat. Les parties ont sans doute la faculté de faire remettre des mémoires signés par un avocat au conseil; mais ces dépens sont toujours à la charge de celui qui les expose. Le jugement est prononcé sans publicité ni plaidoiries. On est même dans l'usage au conseil de refuser à la partie la communication du rapport adressé par le ministre des cultes. Le décret est signé du rapporteur et du président du conseil d'État. L'expédition, certifiée par le secrétaire général, est ensuite transmise au ministre des cultes, qui la présente à la signature du Président de la République.

FIN.

TABLE

CHAPITRE PREMIER.

ORIGINE ET HISTOIRE DE L'APPEL COMME D'ABUS.

CHAPITRE II.

DES CAS D'ABUS.

CHAPITRE III.

DE LA PROCÉDURE A SUIVRE EN MATIÈRE D'ABUS.

FIN DE LA TABLE.

PARIS. — IMPRIMERIE BONAVENTURE ET DUCESSOIS,
55, quai des Grands-Augustins.